AI시대 바둑을 파헤친다!

최강
입문

AI시대 바둑을 파헤친다!

최강입문 2.기술편

초판 1쇄 발행 2020년 09월 15일

감 수	진동규
지은이	이하림
발행인	조상현
마케팅	조정빈
발행처	더디퍼런스

등록번호	제2018-000177호
주소	경기도 고양시 덕양구 큰골길 33–170
문의	02-712-7927
팩스	02-6974-1237
이메일	thedibooks@naver.com
홈페이지	www.thedifference.co.kr

독자여러분의 소중한 원고를 기다리고 있습니다. 많은 투고 부탁드립니다.

ISBN 979-11-6125-267-4 13690

AI시대 바둑을 파헤친다!

최강입문

이하림 지음 · 진동규 감수

2. 기술편

더디퍼런스

들어가는 말

바둑은 바둑판과 바둑돌만 있으면 손쉽게 즐길 수 있는 취미문화입니다. 인터넷으로 바둑을 둔다면 이런 도구도 필요 없지요. 화면이 모든 걸 대신할 테니까요. 바둑판에는 361개의 교차점이 있습니다. 점과 점이 만나면 선이 되고 선과 선이 만나면 공간이 이루어집니다. 공간이 넓혀지면 '판'이 형성되지요. 바둑은 판에 돌을 놓으며 나의 생각을 자유롭게 표현하는 것이죠. 돌과 돌이 충돌하는 판의 공간에 숨어있는 원리를 알면 그에 따라 생각의 틀도 잡힙니다. 그렇다면 원리를 어떻게 배워야 할까요?

많은 입문서들이 단순히 부분 기술을 나열하고 그에 따른 문제들로 치우쳐 있습니다. 그러면 생각의 틀이 한정되고 확장되지 못해 바둑을 두는 실전 초급 단계로 향하는 데 시간이 많이 걸립니다. 초보로 머무는 시간이 오래될수록 바둑이 어렵게 느껴질 수밖에 없지요. 이 책은 부분과 부분을 서로 연계해 입체적인 관계에서 이해의 폭을 넓히도록 구상했습니다. 다시 말해 부분을 관통하는 하나의 원리를 알면 다른 부분에도 적용할 수 있도록 노력했습니다. 그러면 생각하는 틀이 확장되어 저절로 판을 바라보는 힘도 강해진다고 보았지요.

원리를 알고 적용한다는 점에서 이 책은 내용의 전개방식이 독창적이고 체계적입니다. 바둑의 여러 분야를 실전적으로 통합하고 연계해서 일정한 수준까지 거침없이 보여줍니다. 완전 습득하는 데 힘은 들겠지만 어느 부분은 어렴 풋이라도 이해하고 넘어가도 좋습니다. 어려운 부분도 초보자의 눈높이에 맞춰 쉽게 설명하므로 안내하는 대로 따라가다 보면 점차 이해도가 높아지며 결국 생각의 힘이 강해지면 자연스럽게 체득할 테니까요.

독창적인 의도에 맞게 책의 구성도 특별합니다. 두 권으로 입문 과정을 마치도록 했는데, 1권은 바둑 규칙, 2권은 바둑 기술에 초점을 두었습니다. 크게 규칙과 기술로 책의 권을 구분했지만 내용 안으로 들어가면 초보자가 익혀야 할 다양한 장르에서 전체적인 안목과 부분적인 힘을 기르는 데 심혈을 기울였습니다. 두 권을 끝내고 나면 초급에 성큼 다가설 뿐 아니라 서슴없이 바둑을 둘 수 있지요.

1권 '규칙편'에서는 바둑을 두기 위해 꼭 알아야 할 기본 지식과 규칙, 잘 두기 위한 돌의 강약과 효율, 집을 다투면서 벌어지는 싸움을 위해 알아야 할 사활과 수상전에 담긴 규칙과 원리를 배웠습니다. 1권을 마치면 전체를 능숙하게 완성하지는 못해도 자유롭게 바둑을 둘 수 있습니다.

이번에 배우는 2권은 '기술편'입니다. 이제부터는 초보자를 벗어나기 위한 본격적인 기술과 행마에 대해 다룹니다. 배움의 핵심은 실전과의 연계라고 보고, 이런 관점에서 파트를 구성했습니다. 간단히 요약하면, '파트 1'에서는 집을 다투면서 벌이는 싸움에 유용한 필수 기술에 대해 다룹니다. '파트 2'에서는 싸우기 좋은 모양을 만들기 위한 행마에 대해 다룹니다. '파트 3'에서는 초반 운영에 유용한 행마를 다루면서 자연스럽게 실전과 연관된 감각을 익히는 데 주안점을 두었습니다. '파트 4'에서는 실전의 완성을 위한 끝내기와 마무리에 대해 다룹니다. 2권까지 마스터하면 바둑의 묘미를 느끼면서 스스로 초보 티를 벗고 나름 세련된 기술과 행마를 구사하며 바둑 한 판을 완성하리라 확신합니다.

이 책의 흥미와 짜임새를 더해주는 특징을 덧붙인다면 초보자가 알아둘 용어 설명과 각 파트의 말미에 실은 코너에 있습니다. 필요한 바둑용어는 알기 쉽게 본문 안에 녹여서, 자연스럽게 모양을 보여주며 설명해 현장감을 주었습니다. 각 파트가 끝날 때마다 핵심을 글로 정리해서 되돌아보게 하고, 내용을 이끌어갔던 주요 용어를 눈으로 이해할 수 있게 모양으로 정리해서 생동감을 살렸습니다. 마지막으로 복습 차원에서 생각하며 풀어보는 문제를 실었습니다.

이 책은 바둑을 강하게 배우려는 입문자와 더불어, 더 이상 기력이 올라가지 못하고 방황하는 초급자에게도 권하고 싶습니다. 기력이 그 자리에 머무르는 이유는 생각의 틀이 잡히지 못했기 때문 아닐까요. 바둑만 많이 둔다고 해결되는 문제가 아닙니다. 그런 분들에게도 이 책이 생각의 틀을 잡고 힘을 키우는 계기가 되길 바라는 마음입니다.

이하림

PART 2 좋은 모양을 만들기 위한 초보 행마

PART 3 초반 운영을 잘하기 위한 행마의 활용

PART 4 마무리를 잘하기 위한 초보 끝내기

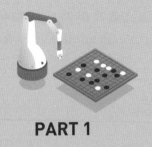

PART 1

싸움을
잘하기 위한
초보 기술

돌을 따내기 직전 활로가 하나 남은 상태를 단수라고 했습니다. 싸움이 벌어지면 아무래도 상대의 돌을 잡는 쪽이 유리하겠지요. 돌을 잡자면 단수가 필연인데, 이번 테마에서는 단수치는 요령에 대해 알아봅니다.

① 나의 강한 쪽으로 단수

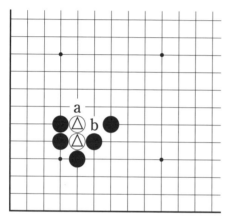

1도

1도 (어느 쪽으로 단수쳐야 할까?)
이 그림에서 흑이 백△ 두점을 잡으려면 어느 방향으로 단수쳐야 할까요?

물론 a와 b, 둘 중 하나를 선택해야 합니다.

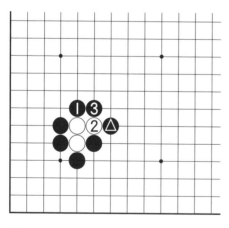

2도

2도 (나의 강한 돌이 있는 쪽으로)
흑1로 나의 강한 돌인 ❹ 방향으로 단수쳐야 합니다.

그래야 백2로 달아나도 흑3으로 백 석점을 따낼 수 있습니다.

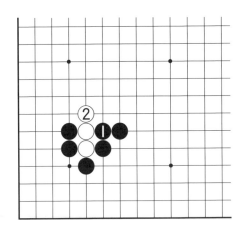

3도

3도 (활로가 늘어난다)

만일 흑1쪽에서 단수치면 백2로 쉽게 달아납니다.

그러면 백의 활로가 늘어서 잡기 어렵습니다.

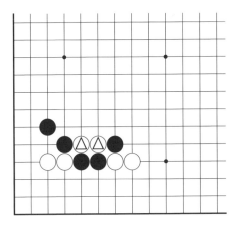

4도

4도 (단수치는 방향은?)

서로 몇 군데가 끊어진 채로 싸움이 한창입니다.

실은 흑이 백△ 두점을 잡으면 문제가 해결되지요. 단수치는 방향을 생각해보세요.

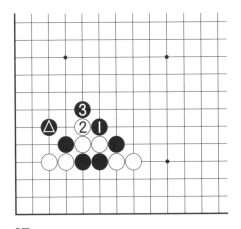

5도

5도 (탈출할 길이 없다)

흑1로 나의 강한 돌인 ▲ 방향으로 단수쳐야 합니다. 백2로 나가도 흑3에 다시 단수치면 이제 백은 탈출할 길이 없습니다.

이 백이 잡히면 흑은 전체가 한 몸으로 강해지고, 백은 나머지도 분열되어 약한 모습이 되지요.

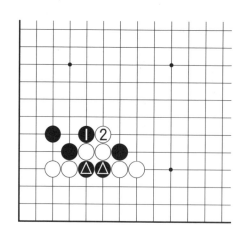

6도

6도 (쉽게 달아나는 모습)

흑1쪽에서 단수치면 백2로 쉽게 달
아날 수 있습니다. 흑이 약한 오른
쪽으로 단수쳤기 때문이죠.

　그러면 오히려 흑▲ 두점이 위험
한 상황이 됩니다.

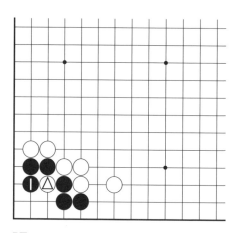

7도

7도 (잡는 요령)

이 그림에서 흑이 백▲를 잡으려면
나의 강한 돌인 아래쪽 방향으로
단수쳐야 합니다.

　즉 흑1로 단수치면 백 한점을 잡
을 수 있습니다.

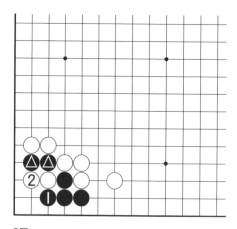

8도

8도 (오히려 단수에 몰린다)

흑1쪽에서 단수치면 백2로 나가며
흑▲ 두점이 단수에 몰립니다.

　그러면 오히려 흑 두점이 잡히는
모습이지요.

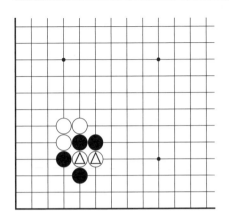

1도

1도 (잡는 요점)

서로 끊긴 장면에서 흑이 백△ 두점을 잡아보세요.

잡는 과정에 활로가 늘어나지 않도록 하는 것이 요점입니다.

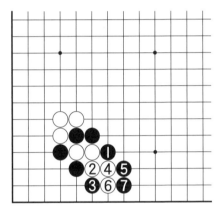

2도

2도 (나갈 때마다 활로 2개뿐)

우선 흑1로 백 두점의 머리 쪽에서 단수칩니다. 백2로 나가면 흑3, 5로 같은 방식으로 단수칩니다. 백6에 나갈 때 흑7로 단수치면 이제 백은 달아날 길이 없습니다.

유심히 보면 백은 지그재그로 나갈 때마다 활로가 2개뿐이며, 바로 단수가 되니 잡힐 수밖에 없지요.

3도 (활로가 늘어난다)

흑1쪽에서 단수치면 백2로 나가며 활로가 3개로 늘어납니다.

그러면 흑이 오히려 분열되며 불리한 상황에 놓입니다.

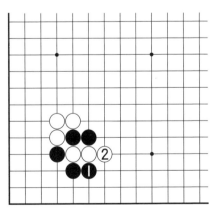

3도

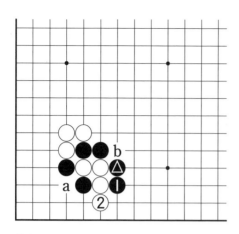

4도

4도 (끊기는 약점)

흑▲로 출발은 좋았지만, 이후 흑1 쪽에서 단수치면 백2로 나가는 순간 활로가 늘어나서 잡을 수 없습니다.

그러면 a와 b의 끊기는 약점으로 흑이 두기가 힘들어지죠.

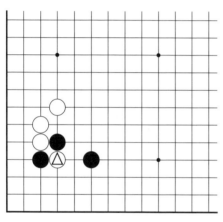

5도

5도 (억지로 끊은 모양에서)

백이 끊을 수 없는 자리를 △로 억지로 끊은 모양입니다.

그렇다면 흑이 끊은 백돌을 잡아 보세요.

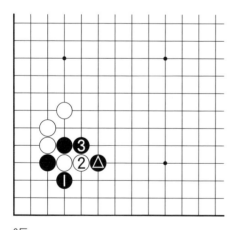

6도

6도 (위에서 단수)

일단 흑1로 나의 강한 돌인 ● 방향으로 단수칩니다.

백2로 나가면 흑3으로 위에서 단수치는 것이 중요합니다.

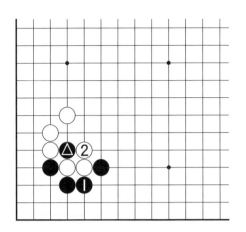

7도

7도 (아래에서 단수치는 경우)

만일 아래에서 흑1로 단수치면 백2로 나가면서 흑▲가 자연스럽게 잡힙니다.

이처럼 나쁜 상황을 예방하려면 항상 앞길을 예측해서 단수쳐야 하겠지요.

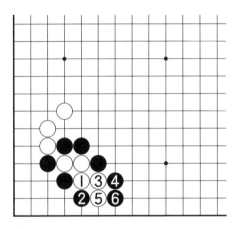

8도

8도 (머리 쪽에서 단수)

6도에 이어서, 백1로 나가면 흑2, 4로 계속 머리 쪽에서 단수치는 것이 요령입니다. 백5로 나갈 때 이제 흑6에 단수쳐도 좋습니다.

그러면 2도와 같은 이치로 백은 나갈 때마다 활로가 2개뿐인 채로 잡힙니다.

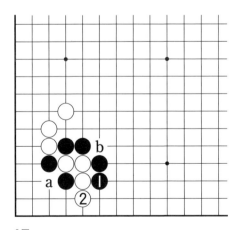

9도

9도 (활로가 늘어나는 경우)

이 장면에서도 흑1쪽에서 단수치면 백2로 나가면서 활로가 늘어납니다. 그러면 a와 b에 끊기는 약점이 있는 흑이 두기가 힘들어집니다.

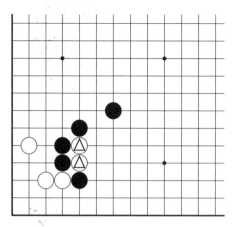

10도

10도 (우선 돌의 강약을 살핀다)
이 그림에서 백△ 두점을 잡으려면 흑이 어떻게 단수쳐야 할까요?

주변 돌의 강약을 우선 살펴야 합니다.

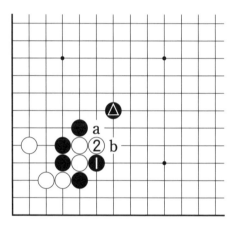

11도

11도 (먼저 나의 강한 쪽으로 단수)
먼저 흑1로 나의 강한 돌인 ● 방향으로 단수칩니다.

다음 백2로 나갈 때 흑은 a와 b 중 어느 쪽에서 단수쳐야 할까요?

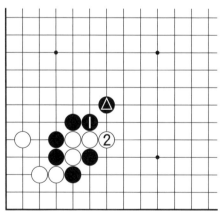

12도

12도 (강한 돌도 도움이 되지 않는다)
만일 흑1쪽에서 단수치면 백2로 나가며 활로가 늘어납니다.

이때 흑●는 아무런 도움이 되지 않습니다. 흑은 닭 쫓던 개 지붕 쳐다보는 격이 되지요.

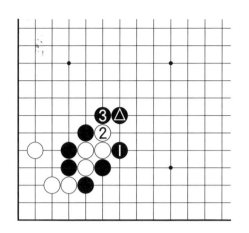

13도

13도 (강한 돌의 활약)

따라서 흑은 1쪽에서 단수쳐야 합니다. 백2로 나가도 흑3에 계속 단수치면 ◉의 활약으로 이제 백은 달아날 길이 없습니다.

이렇게 지그재그로 단수치면 백의 활로가 늘지 않습니다.

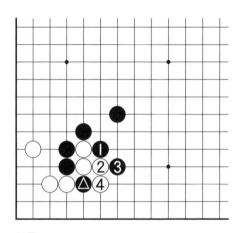

14도

14도 (사분오열)

애초에 흑1, 3으로 단수치면 ◉가 약한 돌이기 때문에 백4로 나가며 오히려 흑이 단수에 몰립니다.

그러면 흑은 ◉가 잡히며 사분오열이 되지요.

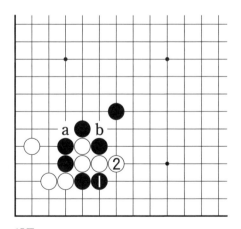

15도

15도 (약한 돌로 전락)

아래 흑을 살리려고 1로 단수쳐도 백2로 나가는 순간 활로가 늘어납니다. 그러면 a와 b의 약점이 노출되어 위쪽의 흑도 약한 돌로 전락하지요.

이처럼 처음부터 단수치는 방향이 잘못되면 좋은 결과를 얻을 수 없습니다.

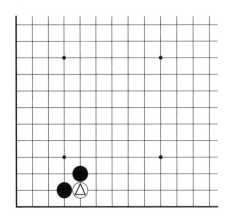

1도

1도 (어느 쪽에서 단수쳐야 할까?)

그림과 같은 변의 모양에서 흑이 백 ⓐ를 잡아보세요.

우선 어느 쪽에서 단수쳐야 할지 생각해야겠지요.

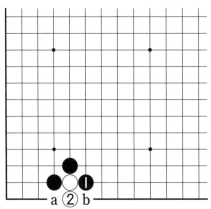

2도

2도 (막다른 길)

흑1로 1선을 향해 단수쳐야 합니다. 그러면 백2로 나가도 막다른 길이죠.

백은 a와 b로 나가봤자 활로가 늘지 않습니다. 백은 이 자체로 잡혀있지요.

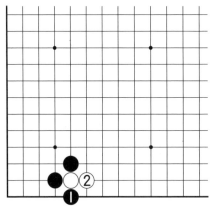

3도

3도 (1선에서 단수치는 경우)

흑1로 1선에서 단수치면 백2로 나가는 순간 활로가 3개로 늘어납니다. 이제 백은 잡히지 않습니다.

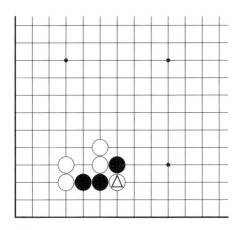

4도

4도 (끊을 수 없는 자리)

이 모양에서 백△는 끊을 수 없는
자리입니다.

이를 입증하려면 흑이 백△를 잡
으면 되겠지요.

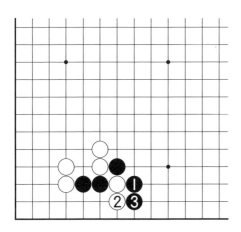

5도

5도 (1선을 향해 몰아간다)

일단 흑1로 단수쳐야 합니다. 백2
로 나가면 잠시 활로가 늘지만 흑3
으로 막으면 백의 활로가 1선에 막
혀 늘지 않습니다.

이처럼 흑은 1선을 향해 몰아가
며 백 두점을 잡을 수 있습니다.

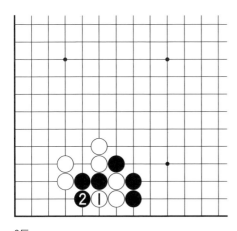

6도

6도 (1선에 활로가 막힌다)

계속해서 백1로 움직여도 흑2로 막
으면 백 석점이 되어 잡힌 모습입
니다.

백은 1선에 막혀 더 이상 활로가
늘어나지 않지요.

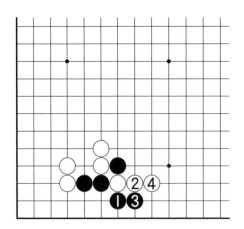

7도

7도 (활로가 열려있기 때문)

흑1로 아래에서 단수치면 백2로 활로가 늘어나며 막힐 염려도 없습니다. 흑3이면 백4로 연결해 백은 더욱 활로가 늘어납니다.

활로가 중앙 쪽으로 열려있기 때문이죠. 이러면 흑이 분열되어 곤란합니다.

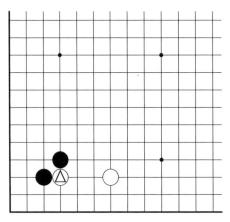

8도

8도 (몰아가는 방향은?)

이 모양에서 흑이 백△를 잡아보세요. 주변 상황을 고려해서 몰아가는 방향을 정해야 합니다.

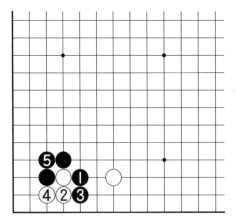

9도

9도 (귀에 고립되어 잡힌다)

흑1로 1선을 향해 단수친 후 오른쪽에서 흑3으로 막는 것이 올바른 선택입니다. 백4로 움직이면 일단 흑5로 약점을 잇습니다.

그러면 백 석점은 귀에 고립되어 잡힌 모습이죠.

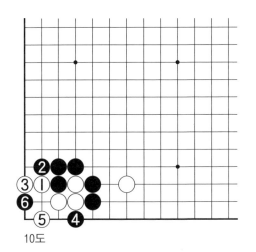

10도

10도 (3궁도 사활의 원리)

만일 백1, 3으로 궁도를 최대한 넓혀 살리려고 해도 흑4로 젖혀 3궁도를 유도한 후 6에 치중하면 백의 죽음이지요.

　'1권 사활편'에서 배웠던 3궁도 사활의 원리를 적용하면 됩니다.

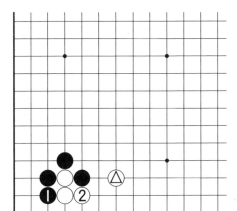

11도

11도 (왼쪽에서 막는 경우)

흑이 출발은 좋더라도 이 시점에서 1로 왼쪽에서 막으면 백2로 꼬부리며 △와 연결합니다.

　그러면 백이 강한 돌이 되어 잡을 수 없습니다.

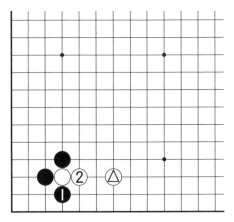

12도

12도 (연결)

애초에 흑1로 아래에서 단수치면 백2로 활로가 늘어날 뿐 아니라 △와도 연결됩니다.

　백은 강해져서 더 이상 잡힐 돌이 아니지요.

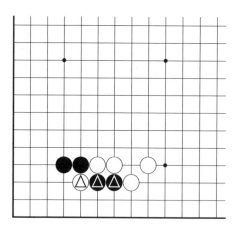

13도

13도 (어디부터 단수쳐야 할까?)

흑▲ 두점과 백⚠가 서로 끊어진 장면입니다. 흑이 곤경에서 벗어나려면 백⚠를 잡아야겠지요.

이런 경우 어디부터 단수쳐야 할지 생각해보세요.

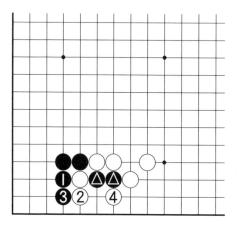

14도

14도 (곧장 1선에 몰면 실패)

이번에는 흑1, 3으로 곧장 1선을 향해 몰아가면 실패합니다.

백4로 단수치면 흑▲ 두점이 오히려 잡힌 모습입니다.

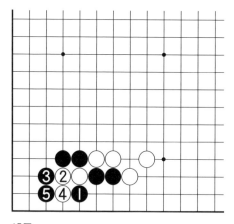

15도

15도 (신변을 돌보며 1선을 향한다)

일단 흑1로 아래에서 단수쳐서 먼저 나의 신변을 돌보아야 합니다. 백2로 나가면 이제 흑3, 5로 1선을 향해 계속 단수치면 백을 잡을 수 있습니다.

이처럼 우회적이지만 결국 1선을 향해 몰아 잡는 경우도 있지요.

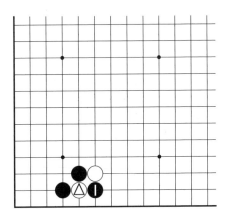

1도

1도 (끊어 잡는 간단한 예)

싸움이 벌어지면 필연적으로 끊는 곳이 나옵니다. 이때 끊으면서 상대를 잡을 수 있다면 큰 성과를 얻을 수 있겠지요.

간단한 예로 흑1은 상대방을 끊으면서 단수치는 수법입니다. 그러면 백△를 잡을 수 있습니다.

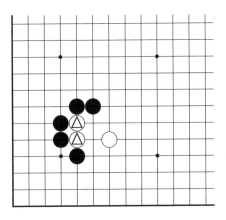

2도

2도 (백 두점을 잡으려면?)

이 모양에서 백△ 두점을 잡아보세요. 끊으면서 단수치는 수법을 생각해야 합니다.

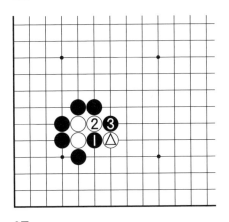

3도

3도 (오른쪽 백을 끊는다)

흑1로 오른쪽 백△를 끊으면서 단수치면 왼쪽 백을 잡을 수 있습니다.

백2로 나가도 흑3이면 백 석점을 따낼 수 있습니다.

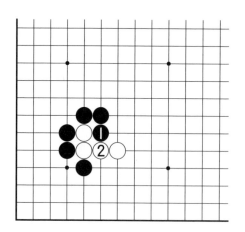

4도

4도 (전체가 연결)

흑1쪽에서 단수치면 실패합니다. 백2면 백 넉점 전체가 연결되어 잡을 수 없습니다.

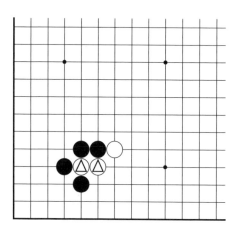

5도

5도 (백 두점을 잡으려면?)

이 모양에서도 백△ 두점을 잡아보세요. 역시 끊으면서 단수치는 수법을 생각해야 합니다.

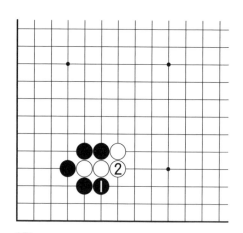

6도

6도 (연결을 허용한다)

흑1로 단수치면 백2로 연결해서 잡기 어렵습니다.

　이런 모양은 일단 끊고 나서 후속수단을 생각해야 합니다.

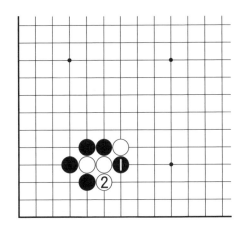

7도

7도 (일단 끊어놓는다)

일단 흑은 1로 끊어놓고 생각해야
합니다.

백2로 나갈 때가 초점인데, 흑은
아래 백 석점을 어떻게 잡아야 할
까요?

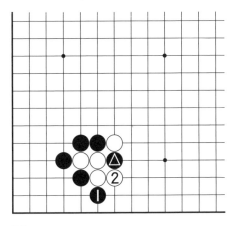

8도

8도 (오히려 단수에 몰린다)

흑1로 아래에서 단수치면 백2로 나
가며 자연스럽게 흑▲가 단수에 몰
립니다.

그러면 흑은 잡기는커녕 약점만
여기저기 생겨 곤란하지요.

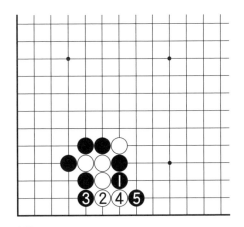

9도

9도 (1선을 향해 몰아간다)

흑1쪽에서 단수쳐야 합니다. 앞에
서 배운 대로 변에서는 1선을 향해
단수치는 것이죠.

백2로 나가도 흑3, 5로 몰아 막
으면 백은 1선에 막혀 활로가 늘지
않습니다. 백은 덩어리만 커질 뿐
잡힌 모습이지요.

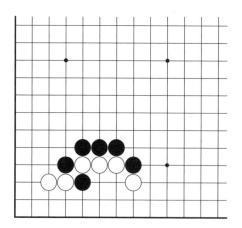

10도

10도 (한 수로 백을 잡으려면?)

이 모양에서 흑은 한 수로 백을 잡
으며 큰 성과를 거둘 수 있습니다.
끊을 곳이 어디인지 생각해보세요.

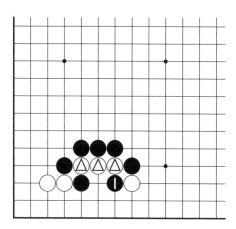

11도

11도 (성공)

흑1로 끊으면서 단수치면 성공합니
다. 그러면 백△ 석점이 꼼짝없이
잡힌 모습이죠.

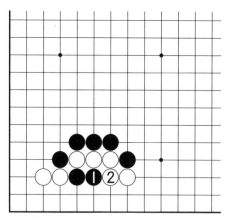

12도

12도 (흑 두점만 잡힐 뿐)

아무 생각없이 흑1로 단수치면 백2
로 연결해서 아래 흑 두점만 잡힐
뿐입니다.

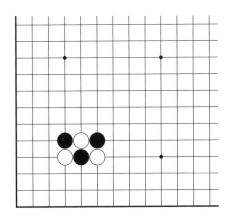

1도

1도 (서로 가장 큰 이득은?)

흑과 백이 각각 석점씩 끊어진 모양입니다.

　서로 어떻게 두면 가장 큰 이득을 얻는지 생각해보세요.

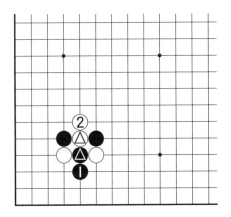

2도

2도 (비슷한 결말)

지금 모양을 보면 흑▲와 백△가 서로 단수에 몰려 있습니다.

　흑이 자기 돌의 안위에만 신경 쓰면 1로 나가겠지요. 그러면 백도 2로 나가 서로 비슷한 결말입니다.

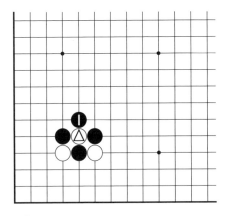

3도

3도 (따내면 가장 큰 성과)

흑은 1로 백△를 따내는 것이 가장 큰 성과입니다.

　그러면 흑은 전체가 연결되어 강해지고, 백은 분열되어 약한 모습이 되지요.

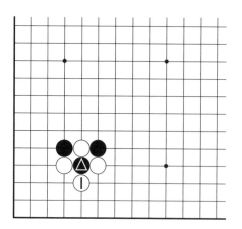

4도

4도 (백의 경우)

백이 둔다면 역시 1로 흑▲를 따내는 것이죠.

그러면 백은 아주 유리한 모양이 됩니다.

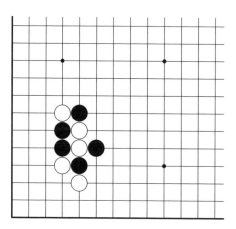

5도

5도 (서로 최선의 수는?)

이 모양도 서로 끊어져 있습니다. 흑과 백은 각각 어떻게 두는 것이 최선인지 생각해보세요.

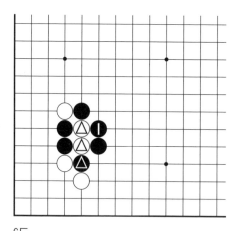

6도

6도 (흑의 경우)

유심히 관찰하면 흑▲와 백△ 두점이 서로 단수 모양입니다.

흑이 두는 경우 1로 백△ 두점을 따내면 가장 큰 성과를 거둘 수 있습니다.

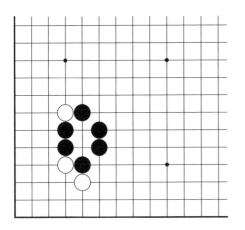

7도

7도 (백 두점을 따낸 결과)

흑이 백 두점을 따낸 결과인데, 보기에도 흑은 어마어마하게 강해졌고 백은 너무 초라한 모습입니다.

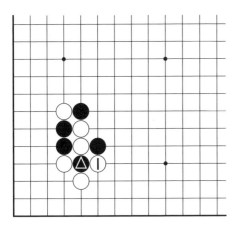

8도

8도 (백의 경우)

이곳을 백이 둔다면 1로 흑▲를 따내야 합니다. 그런 후에~

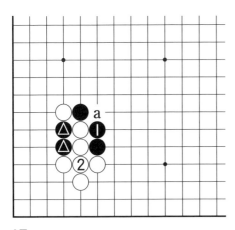

9도

9도 (따낸 이후)

흑1로 단수치면 백2로 잇습니다. 그리고 나서 보면 백은 아주 강해졌고, 흑은 ▲ 두점이 끊겨 위험하고 a의 약점도 있어 볼품없는 모습이지요.

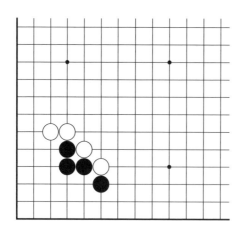

10도

10도 (어떻게 약점을 이용할까?)

이 그림에서 백의 모양에는 약점이 있습니다.

흑이 가장 큰 이득을 얻으려면 이를 어떻게 이용해야 할지 생각해 보세요.

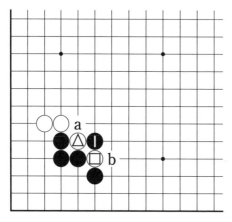

11도

11도 (양단수)

흑1로 끊으면 백△와 백⊡가 모두 단수가 됩니다. 이런 모양을 '양단수'라고 부릅니다.

양단수가 되면 모두 살릴 수 없습니다. 즉 a와 b를 맞보기로 흑은 둘 중의 하나를 잡고 큰 이득을 얻습니다.

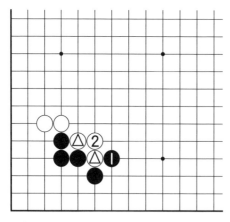

12도

12도 (백의 안정만 도와준다)

만일 흑1쪽에서 단수치면 백2로 두어 자동적으로 △ 두점이 연결됩니다. 그러면 흑은 백의 안정만 도와준 모습이죠.

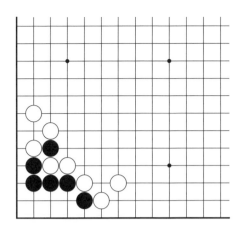

13도

13도 (최선의 성과를 얻으려면?)

이 모양을 보면 흑도 약점이 있지만 백도 약점이 있습니다.

이를 감안해서 흑은 최선의 성과를 얻어야 합니다.

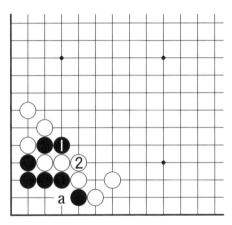

14도

14도 (흑의 험난한 길)

흑1로 한점을 나가며 단수치면 백2로 잇고 나서 흑은 다음이 없습니다. 당장 a의 약점으로 귀가 위험하고 중앙 두점도 약해서 흑이 험난하지요.

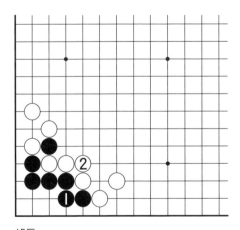

15도

15도 (안전만 생각한 결과)

흑1로 약점부터 이으면 귀는 안전하지만, 백은 2로 이으면서 크게 안도하겠지요.

흑이 좋은 기회를 잃었으니 나의 안전만 생각한 결과입니다.

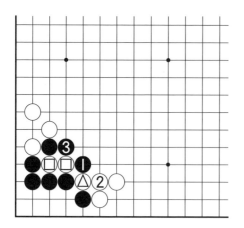

16도

16도 (백 한점을 잇는 경우)

이곳은 흑1로 끊으면 백△와 백□ 두점이 동시에 단수가 됩니다.

백2로 한점을 이으면 흑3으로 백□ 두점을 따낼 수 있습니다.

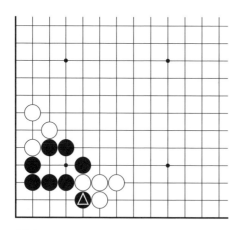

17도

17도 (이삭에 불과)

백 두점을 따낸 결과인데, 그러면 중앙이 뻥 뚫려 백은 처참한 모습입니다. 이제 흑▲는 이삭에 불과합니다.

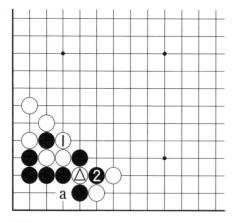

18도

18도 (백 두점을 살리는 경우)

백1로 두점을 살리면 이번에는 흑2로 백△를 따냅니다.

역시 백은 뻥 뚫려 초라해졌고, 흑은 a의 약점도 자동적으로 사라졌습니다.

이처럼 양단수를 이용하면 큰 성과를 거둘 수 있죠.

보통 싸움이 벌어지면 서로 모양이 이루어지는데, 이 모양에 따라 상대방을 잡기에 알맞는 기술이 등장합니다. 이번 테마에서는 처음 바둑을 접하는 초보자가 꼭 익혀야 할 부분 기술을 알아봅니다.

① 축

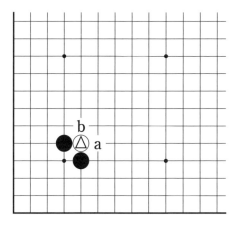

1도

1도 (과연 잡을 수 있을까?)

이 모양에서 과연 흑이 백△를 잡을 수 있을까요?

일단 잡으려면 흑이 a나 b의 단수가 필요합니다. 모양을 보면 어느 쪽이든 결과는 같겠지요.

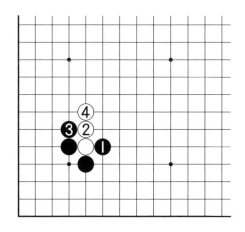

2도

2도 (절대 잡을 수 없다)

가령 흑1로 단수치면 백2로 연결해 활로가 3개나 생겨납니다. 흑3이면 백4로 활로가 더욱 늘어나죠.

결국 이 모양은 흑이 다른 도움이 없다면 백을 절대 잡을 수 없습니다.

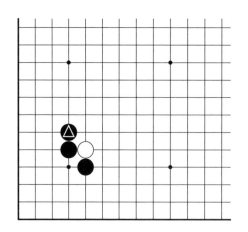

3도

3도 (어떤 식으로 잡을까?)

이 모양이라면 어떨까요. 흑▲의 도움이 있다면 과연 백 한점을 잡을 수 있을까요?

만일 가능하다면 어떤 식으로 잡을지도 생각해보세요.

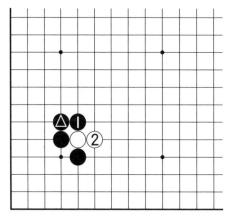

4도

4도 (도움이 되지 않는다)

흑1로 단수치면 ▲가 아무런 도움이 되지 않습니다.

백2로 나가는 순간 활로가 늘어나서 잡을 수 없습니다. 그러면 2도와 다름없는 결과이지요.

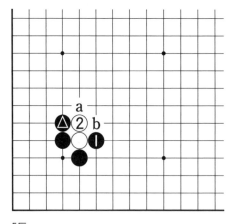

5도

5도 (활로를 막는 역할)

출발은 흑1쪽에서 단수치는 것이 올바릅니다. 그러면 백2로 나갈 때 자연스럽게 흑▲가 백의 활로 하나를 막는 역할을 합니다.

이다음이 중요한데, 흑은 a와 b 중 어디로 단수쳐야 할까요?

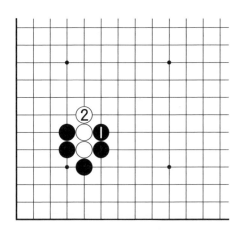

6도

6도 (활로 3개로 늘어난다)

흑1로 단수치면 백2로 나가는 순간 활로가 3개로 늘어납니다.

상대를 잡으려면 활로 2개에서 단수가 필요한데, 이처럼 활로가 늘어나면 잡을 수 없지요.

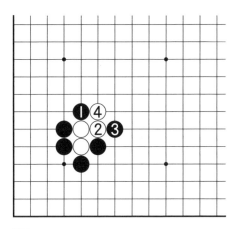

7도

7도 (머리를 두드리듯이 단수)

머리를 두드리듯이 흑1로 단수치는 것이 올바릅니다. 백2로 나가면 같은 방식으로 흑3에 단수칩니다.

그러면 백4로 나가도 활로 2개가 유지되죠.

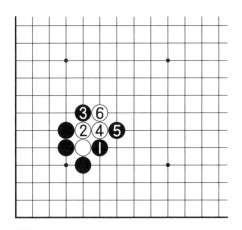

8도

8도(지그재그로 단수)

다시 정리하자면, 이 모양에서 흑은 우선 1로 나의 강한 쪽으로 단수칩니다.

이다음부터는 3, 5로 지그재그 방향으로 단수치며 상대의 활로를 2개 이내로 제한하는 것이죠.

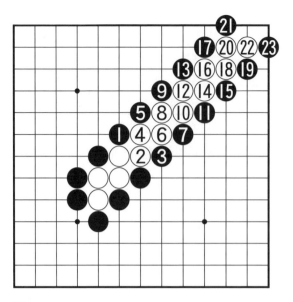

9도

9도 (축)

편의상 13줄 판이지만, 이제 답이 나왔습니다. 8도에 이어서, 흑1의 단수부터 같은 방식으로 계속 단수치면 23까지 이어집니다. 결국 백은 1선에 막혀 더 이상 달아날 수 없지요.

이처럼 지그재그 방향으로 단수치며 몰아가는 것을 '축'이라 부릅니다. 축에 걸리면 백도 처음부터 포기해야 더 큰 손해를 막을 수 있습니다.

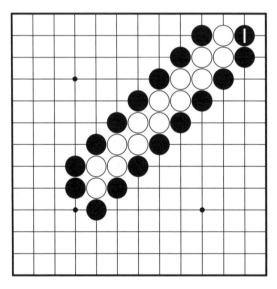

10도

10도 (가장자리의 경우)

다시 한번 축의 모습을 적나라하게 보여주고 있지만, 마지막 가장자리 부근에서는 흑1로 단수쳐서 잡아도 좋습니다.

굳이 끝에 가서는 지그재그 단수를 고집할 필요가 없겠지요.

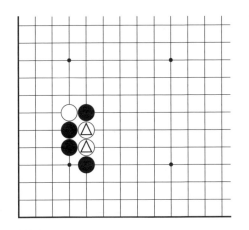

11도

11도 (축으로 잡으려면?)

이 모양에서 백△ 두점을 잡아보세요. 방금 배운 축을 이용하면 좋겠지요.

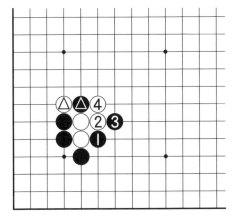

12도

12도 (축이 풀린다)

흑1, 3으로 계속 단수쳐서 축이라고 생각하면 착각입니다. 여기까지는 축이 맞지만 백4로 나가는 순간 △의 작용으로 흑▲가 단수가 되어 축이 풀리기 때문입니다.

그러면 흑이 여기저기 약점이 생겨 곤란하지요.

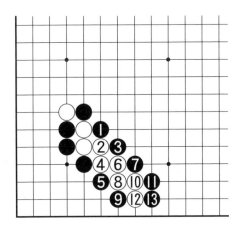

13도

13도 (순탄)

흑1쪽에서 단수치는 것이 올바릅니다. 그러면 백2로 나갈 때 흑3 이하 계속 축으로 몰아가는 길이 순탄합니다.

결국 흑13에 이르러 백은 1선에 막혀 잡힌 모습이죠.

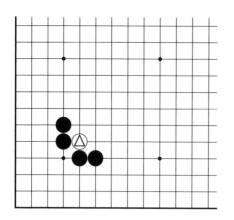

1도

1도 (알기 쉽게 잡으려면?)

이 모양에서 백△를 잡는 알기 쉬운 방법을 생각해보세요. 앞에서 배운 축도 그중 하나입니다.

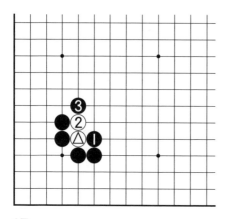

2도

2도 (축의 경우)

일단 흑1로 단수치면 백△를 축으로 잡을 수 있습니다.

　백2로 나가면 흑3에 단수치는 것이 축의 요령이죠. 다만 축은 이어지는 길이 순탄해야 성립하겠지요.

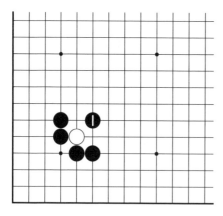

3도

3도 (장문)

이 모양은 흑1로 두더라도 백 한점을 잡을 수 있습니다.

　이처럼 상대방을 씌우면서 가두는 기술을 '장문'이라 부릅니다. 장문으로 잡으면 그 자리에서 해결하므로 알기 쉽습니다.

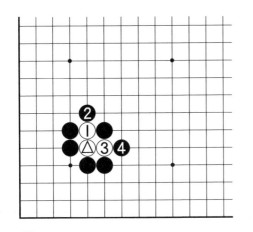

4도

4도 (살릴 수 없다)

장문이 된 백△는 살릴 수 없습니다. 만일 백1, 3으로 나가려 해도 흑은 4까지 백 석점을 따낼 수 있습니다.

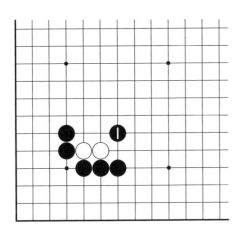

5도

5도 (장문으로 두점 잡기)

이 모양에서 흑1도 장문에 해당합니다. 그러면 안에 갇힌 백 두점을 잡을 수 있습니다.

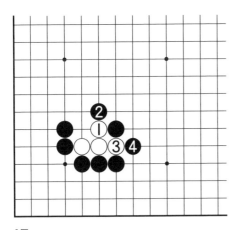

6도

6도 (탈출할 수 없다)

백1, 3으로 나가려 해도 흑4에 단수가 되어 잡힙니다.

이처럼 장문이 되면 바깥으로 탈출할 수 없지요.

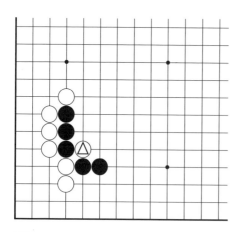

7도

7도 (어떻게 잡을까?)

서로 끊기며 모양이 조금 복잡해졌습니다. 흑은 백△를 어떻게 잡아야 할까요?

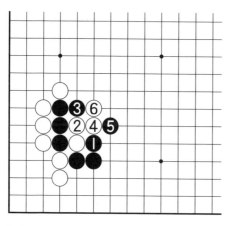

8도

8도 (흑의 오산)

흑1, 3으로 단수치며 축이라고 생각했다면 오산입니다. 그러면 백4, 6으로 나가면서 자연스럽게 왼쪽 흑 넉점이 단수에 몰립니다.

결국 축이 아니었으니 흑이 곤란하겠지요.

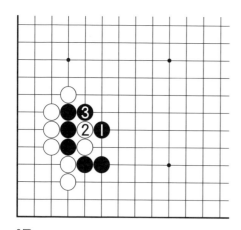

9도

9도 (적절한 장문)

이런 경우 적절한 기술이 흑1의 장문입니다.

그러면 백2로 나가려 해도 흑3으로 막아 백은 달아날 수 없죠.

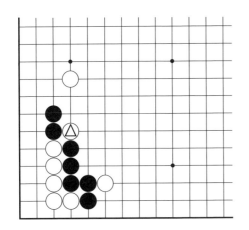

10도

10도 (어떻게 잡으면 좋을까?)

이 그림에서 흑은 백△가 눈엣가시입니다.

흑이 이 돌을 어떻게 잡으면 좋을지 생각해보세요.

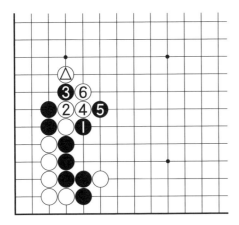

11도

11도 (축이 아니다)

흑1로 단수치고 나서 계속 3, 5로 단수치면 얼핏 축이지만 실은 잘못된 방법입니다.

백6으로 나갈 때 오히려 왼쪽 흑3이 단수에 몰립니다. 백△의 작용을 몰랐던 탓이죠. 결국 축이 아니었습니다.

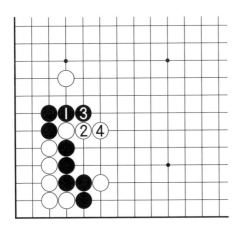

12도

12도 (활로를 넓히며 달아난다)

단순히 흑1, 3으로 단수치고 몰아가면 백은 4까지 활로를 넓히며 달아납니다.

그러면 오히려 양쪽으로 분열된 흑이 괴로운 모습이죠.

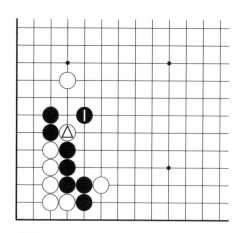

13도

13도 (장문)

이 모양에서는 흑1로 씌우는 것이 장문에 해당됩니다. 그러면 백△는 달아나기 어렵습니다.

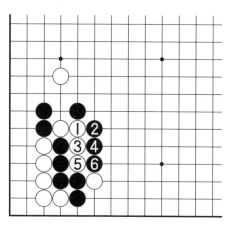

14도

14도 (탈출로 차단)

백1 이하로 나가려 해도 흑은 2로 막은 후 6까지 백의 탈출로를 차단할 수 있습니다. 그러면 백 넉점이 잡힌 모습이죠.

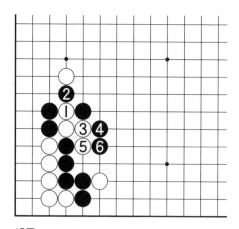

15도

15도 (계속 단수치면 잡힌다)

흑이 장문으로 씌울 때 백1로 뚫고 나가려 해도 흑2로 단수가 되며, 계속 흑4, 6으로 단수치면 역시 백 넉점이 잡힌 모습입니다.

이처럼 장문은 여러 모양에서 나올 수 있습니다.

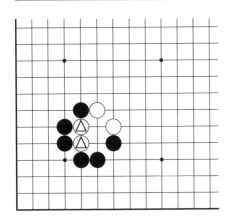

1도

1도 (백 두점을 잡으려면?)

이 모양에서 흑은 백△ 두점을 잡을
수 있습니다. 어떻게 두어야 잡는지
생각해보세요.

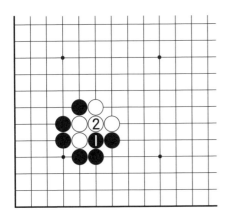

2도

2도 (전체가 연결된다)

흑1로 단수치면 백2로 이어 잡을 수
없습니다. 그러면 백 전체가 연결된
모습이죠.

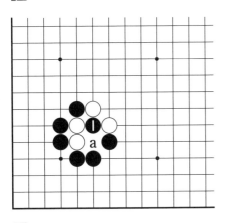

3도

3도 (먹여치는 수법)

흑1로 집어넣으면 왼쪽 백 두점을
잡을 수 있습니다.

　흑1은 먹여치는 수법이라 보면 됩
니다. 만일 백a로 흑1을 따내면~

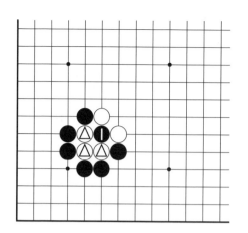

4도

4도 (환격)

이런 모양이 됩니다. 이때 흑1이면 백△ 석점을 따낼 수 있으니 백은 흑 한점을 먹으나 마나입니다.

　결국 3도 흑1이면 백은 이대로 잡혀있습니다. 이처럼 먹여치며 잡는 수법을 '환격'이라 부릅니다.

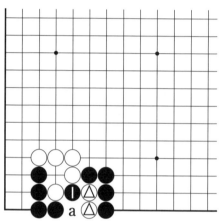

5도

5도 (변에서 환격)

변에서도 이런 모양에서 흑1로 먹여치면 환격입니다.

　그러면 백△ 두점을 잡을 수 있죠. 만일 백a로 흑1을 따내면~

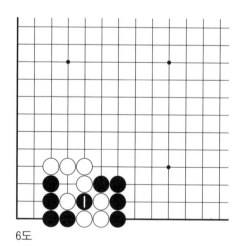

6도

6도 (어차피 따낸다)

이런 모양인데, 흑1이면 어차피 백 석점을 따낼 수 있습니다.

　역시 5도의 흑1로 두는 순간 백은 잡혀있습니다.

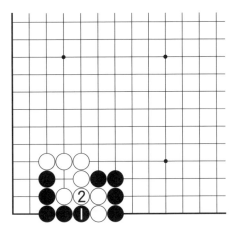

7도

7도 (백 두점이 달아난다)

환격을 모르면 흑1로 단수치고 말 겠지요.

　　그러면 백2로 이어 달아납니다. 흑만 분열되어 곤란해졌지요.

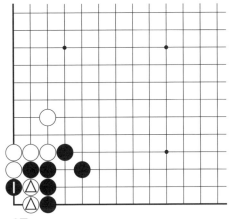

8도

8도 (귀에서 환격)

귀에서도 흑1로 먹여치면 환격이 됩니다. 그러면 백△ 두점을 잡을 수 있습니다.

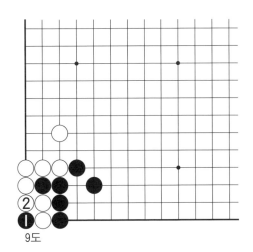

9도

9도 (단수 방향이 틀렸다)

환격을 유심히 살펴보면 끊으면서 단수친다고 생각해도 좋습니다.

　　그렇지 않고 흑1로 단수 방향이 잘못되면 백2로 오히려 흑 한점만 잡힐 뿐입니다.

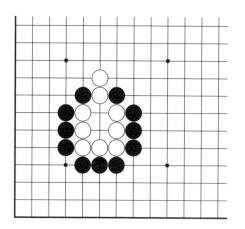

10도

10도 (어떤 수단이 숨어있을까?)

중앙에 이런 모양이 생겼다면, 어떤 수단이 숨어있는지 생각해보세요.

여기서도 환격을 이용하면 흑이 큰 성과를 거둘 수 있습니다.

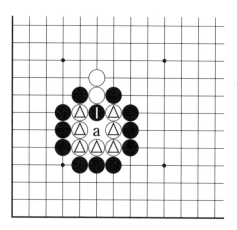

11도

11도 (먹여치면 환격)

흑1로 먹여치면 환격입니다. 이대로 백△들이 모두 잡히죠.

다음 백a로 흑1 한점을 따내고, 흑이 1로 다시 아래 백 전체를 따낸다면~

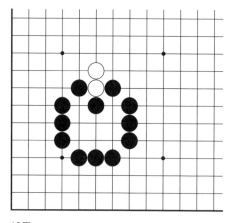

12도

12도 (환격의 위력)

이런 모양이 형성됩니다. 흑이 어마어마하게 강해졌으니 환격의 위력을 실감할 수 있겠지요.

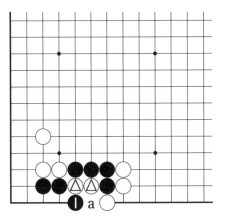

1도

1도 (두점 잡기)

이 모양에서 흑1로 단수치면 백△ 두점을 잡을 수 있습니다. 백은 a로 이을 수 없기 때문이죠.

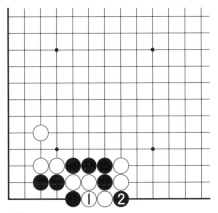

2도

2도 (촉촉수의 기본)

만일 백1로 이으면 흑2로 백 넉점을 따낼 수 있습니다.

이런 식으로 이으면 따내는 모양을 '촉촉수'라고 부릅니다. 또는 '몰아떨구기'라고도 하죠. 이 모양은 촉촉수의 가장 기본입니다.

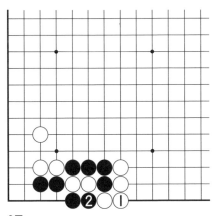

3도

3도 (순리)

1도의 모양은 백1로 잇고 흑2로 백 두점을 잡는 것이 순리겠지요.

결국 백이 살려고 저항하면 촉촉수로 피해만 커집니다.

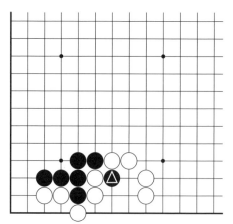

4도

4도 (한점을 살리려면?)

흑▲가 백 진영에 갇혀있습니다. 이 돌을 살리자면 어딘가 백을 잡아야 하겠지요.

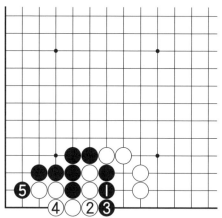

5도

5도 (촉촉수 과정)

흑1 이하 5까지 연속해서 단수치면 백이 결국에는 잡히는 모습입니다. 이 과정도 촉촉수입니다.

연속 단수를 줄여 '연단수'라고 하는데, 촉촉수는 보통 연단수를 동반합니다.

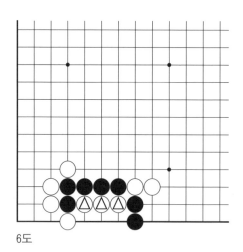

6도

6도 (석점을 잡으려면?)

이 모양에서 백△ 석점을 잡아보세요. 촉촉수를 이용하기 위해 다른 기술도 약간 가미해야 문제가 풀립니다.

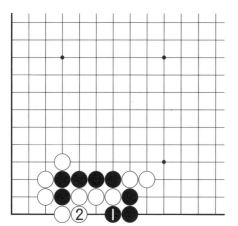

7도

7도 (귀와 연결)

흑1로 단순하게 백의 활로 하나만 줄이면 백2로 잇습니다.

그러면 백은 아래쪽이 모두 귀와 연결되어 잡히지 않습니다.

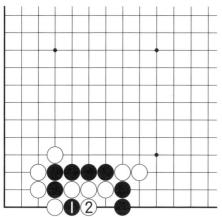

8도

8도 (먹여치는 수법)

이 모양은 먼저 흑1로 먹여치는 수법이 통합니다. 백2로 먹여친 흑 한 점을 따내면~

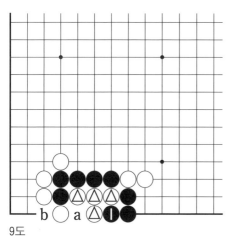

9도

9도 (결국 촉촉수)

이 모양이 되는데, 이때 흑1로 단수치면 백△ 넉점이 잡힙니다. 다음 백은 a로 이을 수 없습니다. 그러면 촉촉수가 되어 백 전체를 흑b로 따내기 때문이죠.

이처럼 촉촉수는 먹여치는 수법을 동반하는 경우도 많습니다.

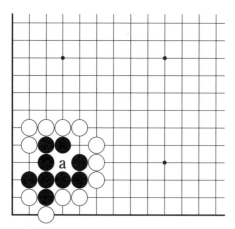

10도

10도 (흑이 살려면?)

이 모양에서 흑은 현재 a의 한 눈뿐입니다. 우리가 사활에서 배웠듯이 이대로는 살 수 없지요.

흑이 살려면 어딘가에서 눈을 더 마련해야 합니다. 아래쪽 백의 약점을 주목해보세요.

11도

11도 (단순)

단순히 흑1로 단수치면 백2로 잇고 나서 다음이 없습니다. 흑은 a로 들어갈 수 없기 때문에~

12도

12도 (살 수 없는 과정)

흑1로 잇고 백의 약점을 노려야 합니다. 그러면 한 박자가 늦어져 백은 2로 먼저 약점을 잇습니다.

다음 흑3에 단수쳐 봐야 백4로 이으면 그만이죠. 백의 약점이 모두 사라졌으니 이제 흑은 살 수 없습니다.

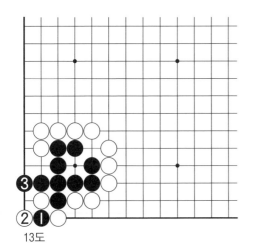

13도

13도 (먹여치면 약점이 늘어난다)

우선 흑1로 먹여치는 것이 올바릅니다. 백2로 흑 한점을 따낼 때 흑3으로 백의 약점을 노립니다.

이제는 한 박자 늦어도 백의 약점도 늘어나서 흑도 해볼 만합니다.

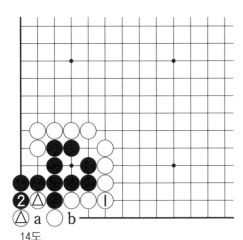

14도

14도 (촉촉수 기술)

다음에 백은 어디든 약점을 이어야 합니다. 백1로 이었다고 보고 흑2로 단수치면 백은 a에 이을 수가 없습니다. 그러면 흑b로 백 넉점이 잡히지요.

결국 흑은 백△ 두점을 잡고 사는 모습입니다. 이 과정도 먹여침을 동반한 촉촉수 기술이지요.

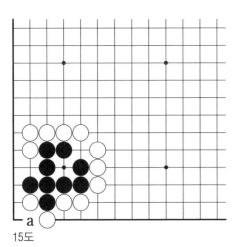

15도

15도 (정리)

다시 10도의 모양을 제시해서 정리해 봅니다.

흑이 a로 먹여치는 것은 한점을 희생하기 때문에 쉽게 두고 싶지 않지만, 문제를 풀어가는 데는 빈번하게 사용되는 기술이므로 꼭 기억해두기 바랍니다.

싸움이 벌어지면 모양이 생기고 목적에 맞는 부분 기술이 등장합니다. 이런 기술은 바둑판의 공간을 활용하며 더욱 입체화됩니다. 이번 테마에서는 부분 기술에서 약간 심화된 그런 응용 기술을 알아봅니다.

① 축머리와 활용하기

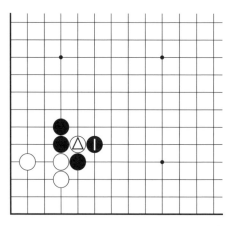

1도

1도 (축으로 잡는 기술)

이 모양에서 흑1로 단수치면 백△를 잡을 수 있습니다. 바로 축으로 잡는 기술이죠.

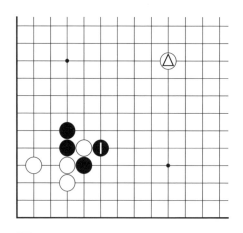

2도

2도 (축이 성립할까?)

이 그림은 1도와는 약간 다릅니다. 무엇이 다를까요?

멀리 백△가 놓여있다는 점이 다르지요. 그래도 흑1의 축이 성립하는지 생각해보세요.

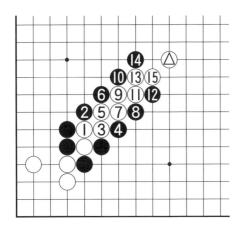

3도

3도 (연결)

백1로 나갈 때 흑2 이하로 끝까지 단수치며 몰아가면 축이 되는지 확인할 수 있습니다.

　그리고 보면 마지막 백15로 나가면서 △와 연결됨을 알 수 있지요.

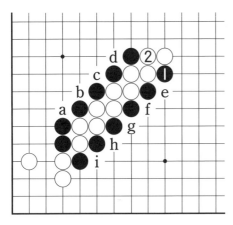

4도

4도 (축이 풀린다)

이제 답이 나왔습니다. 이 모양은 3도의 결과인데, 여기서 흑1로 단수치면 백은 2로 이으며 전체 활로가 3개로 늘어납니다.

　그러면 축이 풀려 단수칠 수 없는 흑이 백을 잡을 수 없지요. 이제 흑은 a에서 i까지 모두가 단점이 되어 심각해졌습니다.

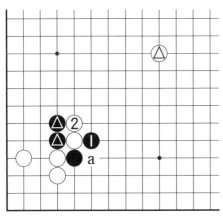

5도

5도 (축머리)

그래서 백△가 놓여있을 경우 흑1로 축을 시도할 수 없습니다. 이런 경우 백△를 '축머리'라 부릅니다.

　축머리가 있는데도 흑1로 단수치면 백2로 나가는 순간, 흑은 a에 약점도 생기고 ● 두점도 약해져서 두기 힘들어집니다.

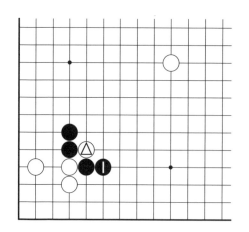

6도

6도 (축머리가 있는 경우)

이처럼 축머리가 있을 경우에는 흑
도 1로 연결해서 백△를 우회적으
로 압박하며 싸우는 것이 바둑을
두는 요령입니다.

불리한 환경에서 급하게 축으로
잡으려 하면 오히려 위험하지요.

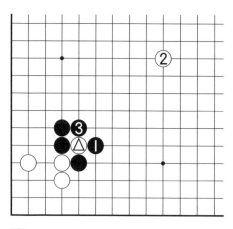

7도

7도 (축의 마무리)

이번에는 축의 마무리에 대해 알아
봅니다. 흑1로 축이 가능할 때라도
백2로 축머리에 두면 흑3으로 백△
를 따내야 뒤탈이 없습니다.

그래야 약하게는 5도, 심하게는
4도와 같은 위험 상황에 처하지 않
겠지요.

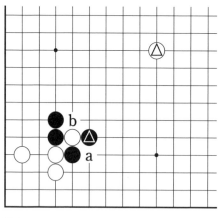

8도

8도 (정리)

이 모양에서 다시 정리해봅니다. 백
△와 같은 축머리가 없으면 흑▲로
단수쳐서 축으로 잡는 것이 좋고,
축머리가 있으면 흑a로 연결하며
천천히 두는 것이 순리입니다.

또 흑▲의 축으로 잡더라도 백△
로 축머리를 두면 흑b로 한점을 따
내야 뒤탈이 없습니다.

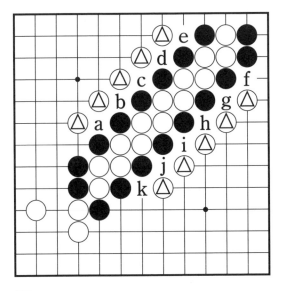

9도

9도 (축머리 판단)

이 그림은 흑이 축으로 몰아 백 전체를 잡은 모양입니다. 이때 백△들과 같은 자리는 축머리가 아닙니다. 보다시피 흑이 축으로 몰면서 피해가고 있기 때문이죠.

반면에 a~k 자리는 모두 축머리에 해당합니다. 이들 어느 자리라도 백돌이 놓이면 축이 풀리기 때문이죠.

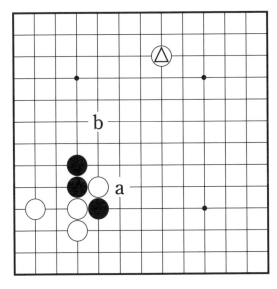

10도

10도 (축머리 따지는 요령)

이 그림에서 백△가 놓여 있다면 흑은 a의 축이 가능한지 생각해보세요. 이를 알자면 백△가 축머리인지 확인하면 됩니다.

축머리가 멀어 일일이 생각하기 어려우면 쉽게 해결하는 요령이 있습니다. 백△를 대각 방향으로 축이 나올 모양과 가까운 b 자리에 이동해서 따지는 것이죠.

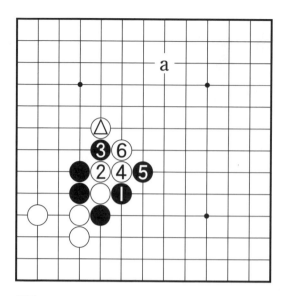

11도

11도 (축머리 확인)

a에 있던 백돌을 △ 자리에 옮긴 모양입니다. 그래 놓고 흑1의 축으로 몰아보세요. 그러면 백2 이하 6으로 나갈 때 흑3이 단수가 됩니다. 즉 축이 풀린 모습이지요.

따라서 10도 백△는 축머리입니다. 결국 흑은 축으로 백을 잡을 수 없지요.

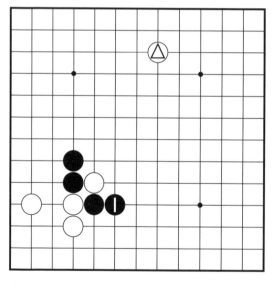

12도

12도 (늘어서 둔다)

10도로 돌아가서, 백△는 축머리가 됨을 확인했습니다. 따라서 흑도 여기를 둔다면 1로 늘어서 차분히 싸워야 합니다.

참고로 상대와 붙어있는 모양에서 흑1로 연결하는 행위를 보통 '늘다' 또는 '뻗다'라고 부릅니다.

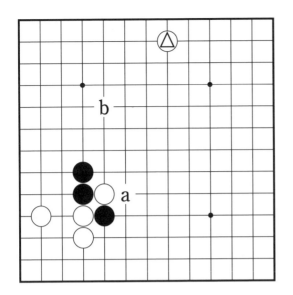

13도

13도 (대각 방향으로 이동)

이번에는 백△로 위치가 약간 다릅니다. 그러면 흑 a의 축이 가능한지 생각해 보세요.

역시 백△를 대각 방향으로 축이 나올 모양과 가까운 b 자리에 이동해서 따져보면 알기 쉽겠지요.

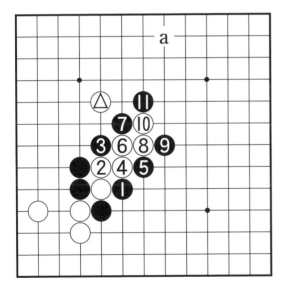

14도

14도 (축머리가 아니다)

a에 있던 백돌을 △ 자리에 옮긴 모양입니다. 그래 놓고 흑1의 축으로 몰아보세요.

그러면 백2로 나갈 때 흑3 이하 11로 계속 단수치며 몰아도 백△를 피해가고 있습니다. 따라서 백△는 축머리가 아니며, 결국 흑은 축으로 백을 잡을 수 있습니다.

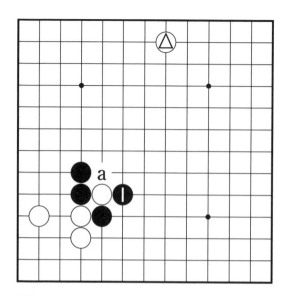

15도

15도 (축이 가능하다)

13도로 돌아가서, 백△는 축머리가 아님을 확인했습니다. 따라서 흑은 1의 축이 가능하지요. 이제는 백도 a로 나가면 손해만 커집니다.

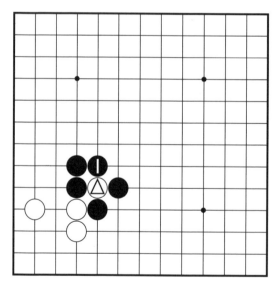

16도

16도 (확실한 따냄)

흑이 백 한점을 축으로 잡은 모습입니다.

이때 백△는 달아날 수 없지만, 흑이 기회가 되면 얼른 1로 한점을 따내는 것이 확실합니다. 그래야 상대의 축머리 활용을 미리 방어할 수 있기 때문이죠. 이처럼 축의 마무리는 당장 축머리가 없더라도 필요합니다.

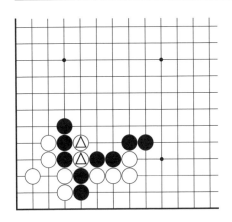

1도

1도 (어떻게 잡으면 좋을까?)

이 그림에서 백△ 두점을 어떻게 잡
으면 좋을지 생각해보세요.

우선 서로 끊어진 모양을 살펴본
후 축과 장문 중에서 선택합니다.

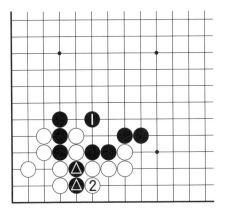

2도

2도 (장문의 경우)

흑1의 장문으로 백 두점을 잡을 수
만 있다면 가장 확실합니다.

그러나 백2로 단수치면 흑● 두점
이 먼저 잡힙니다. 그래서 주변 모양
을 먼저 살펴야 했습니다.

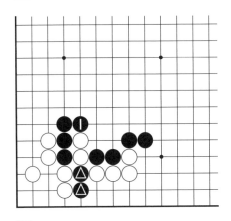

3도

3도 (축으로 잡는다)

흑1로 단수쳐서 백 두점을 축으로
잡는 것이 최선입니다.

그러면 흑● 두점도 자동적으로
살아가겠지요.

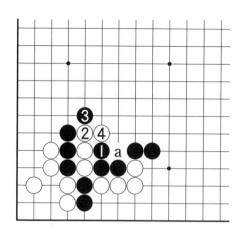

4도

4도 (축이 풀린다)

축을 생각하더라도 흑1쪽에서 단수 치면 곤란합니다. 백2, 4로 나가면서 흑 석점이 단수가 되기 때문이죠. 그러면 흑은 a의 이음이 급해져서 축이 풀려버립니다.

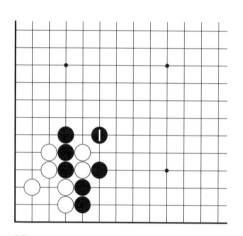

5도

5도 (한 수로 해결)

이 모양이라면 흑1의 장문으로 백 두점을 잡는 것이 가장 확실합니다. 한 수로 문제를 해결하기 때문이죠.

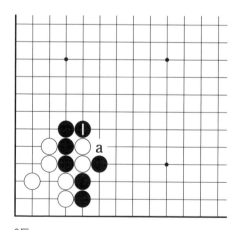

6도

6도 (차선책)

흑1의 축으로 백 두점을 잡을 수는 있지만 차선책입니다. 백이 축머리를 두면 흑a로 가일수해서 따내야 완전합니다.

한번 더 두는 것을 '가일수'라 합니다. 결국 두 번 두어야 하니 효율에서 장문보다 떨어지겠지요.

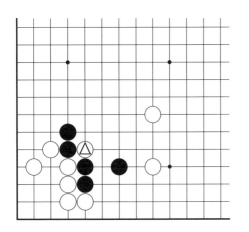

7도

7도 (어떻게 잡을까?)

이 모양에서 백△를 잡아보세요. 역시 축과 장문을 떠올려 선택해야 합니다.

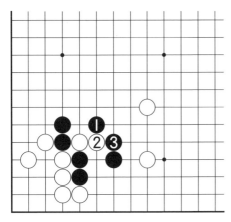

8도

8도 (장문)

흑1도 씌우는 행동이므로 장문입니다. 이 모양은 흑1의 장문만이 백을 잡을 수 있습니다.

백2로 나가려 해도 흑3에 막으면 더 이상 백은 달아날 길이 없지요.

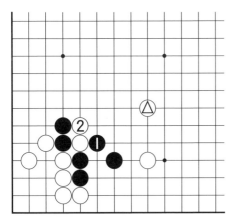

9도

9도 (축으로 잡을 수 있을까?)

흑1로 단수치면 백2로 나갈 때 다음이 문제입니다.

흑은 축으로 잡겠다는 뜻이지만 백△의 존재를 생각해야 합니다.

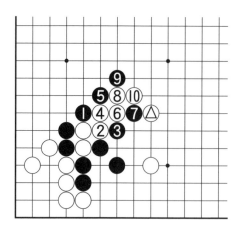

10도

10도 (축머리)

흑1, 3 이하로 단수치며 축으로 몰고 있지만, 백10에 이르러 흑7이 단수가 되면 축이 풀려버립니다.

결국 백△가 축머리였습니다. 흑이 쫄딱 망한 모습이지요.

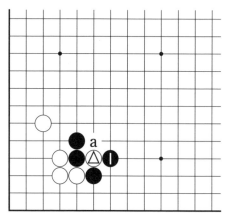

11도

11도 (축으로 잡는 경우)

이런 모양이라면 흑1로 단수쳐서 백△를 잡아야 합니다.

설사 나중에 흑a로 가일수를 하더라도 이처럼 축으로 잡아야 흑 전체의 힘이 강해집니다.

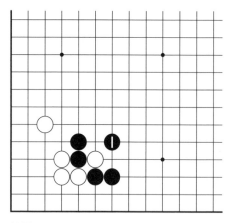

12도

12도 (장문으로 잡는 경우)

이런 모양이라면 흑1로 백 한점을 가두어서 잡아야 합니다.

이처럼 장문으로 잡으면 한 수로 해결되니 뒤를 걱정하지 않아도 되겠지요.

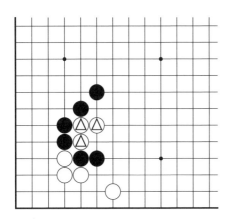

1도

1도 (백 석점을 잡으려면?)

이 모양에서 백△ 석점을 잡아보세요. 단순히 백의 활로를 막거나 둘러싸면 잡기 어렵습니다.

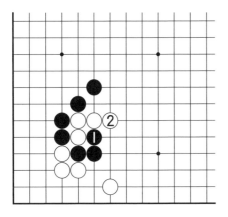

2도

2도 (단순한 막음)

흑1로 두면 백의 활로 하나만 막았을 뿐입니다. 백2로 연결하면 활로가 더욱 늘어나며 강해집니다.

흑이 분열되어 오히려 위험한 모습이죠.

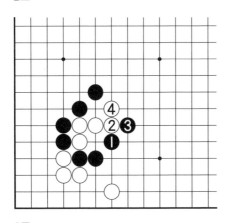

3도

3도 (탈출로 확보)

흑1로 둘러싸려 해도 백2, 4로 나가면 더 이상 잡기 어렵습니다. 백은 탈출로가 쉽게 확보된 모습이지요.

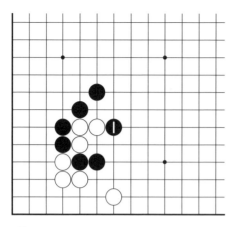

4도

4도 (머리에 붙이는 수법)

이 모양에서는 흑1로 두면 백 석점을 잡을 수 있습니다. 흑1은 백돌의 머리에 붙였다고 생각해도 좋습니다. 흑1로 머리에 붙이면 백이 안에 갇혀서 꼼짝할 수 없습니다.

이처럼 가두었다는 면에서 흑1은 장문의 응용 수법이라 봐도 좋겠습니다.

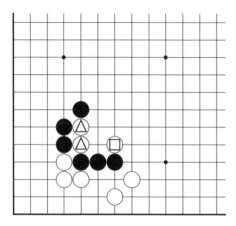

5도

5도 (흑이 모두 연결하려면?)

이 모양은 백△ 두점과 백□가 묘하게 흑과 접하고 있습니다. 끊어진 흑이 모두 연결하려면 백△ 두점을 잡아야 합니다.

여기서도 장문의 응용 수법이 힘을 발휘합니다.

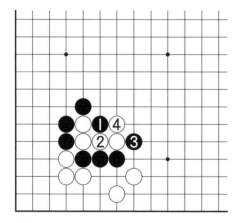

6도

6도 (쉽게 달아나는 모습)

흑1, 3으로 단수치며 백 전체를 노리는 것은 뜻대로 되지 않습니다.

백4로 나가는 순간 흑1이 단수가 되어 흑은 더 이상 백을 잡을 수 없습니다. 백이 쉽게 달아나는 모습입니다.

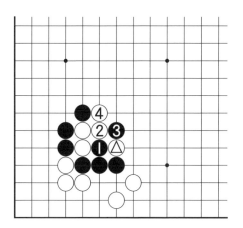

7도

7도 (원하는 돌을 잡지 못한다)

흑1, 3으로 나가서 끊으면 양단수이므로 어느 한쪽을 잡을 수 있습니다.

그러나 백4로 나가면 흑이 원하던 왼쪽 백을 잡을 수 없지요. 그러면 백△를 잡더라도 왼쪽 흑이 위험합니다.

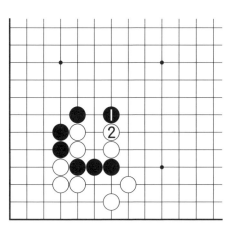

8도

8도 (활로 개척)

직접적인 수단으로는 원하는 결과를 얻을 수 없었습니다.

흑1은 약간 떨어져서 백을 가두려는 뜻이지만, 백2로 쌍립 자세를 취하면 활로가 개척됩니다.

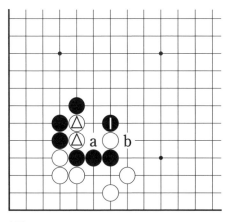

9도

9도 (쌍립 자리의 붙임)

흑1의 붙임이 백△ 두점을 잡는 급소입니다. a와 b가 맞보기가 되어 백 두점은 달아날 수 없습니다.

흑1을 유심히 보면 백의 쌍립 자리임을 알 수 있지요. 따라서 흑1은 쌍립 자리의 붙임이라 생각해도 좋습니다. 상대를 가두었다는 면에서 흑1도 장문의 응용 수법입니다.

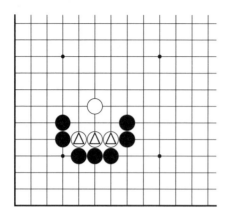

1도

1도 (어떻게 차단할까?)

이 모양에서 일렬로 연결된 백△ 석 점을 잡아보세요.

어떻게 하면 위쪽 백 한점과 차단할지 생각해야 합니다.

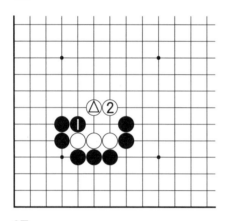

2도

2도 (쌍립으로 탈출)

단순히 흑1로 활로를 막는 것은 백△의 존재를 무시한 행동입니다.

백2의 쌍립이면 백 전체가 연결되어 넉넉하게 탈출하는 모습이죠.

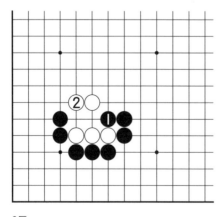

3도

3도 (동일한 탈출)

흑1로 오른쪽에서 막아도 역시 백은 2의 쌍립으로 달아납니다.

흑은 끊을 수 있는 방법을 연구해야 합니다.

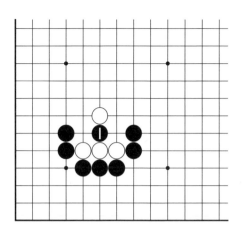

4도

4도 (끼우면 어떻게 될까?)

그렇다면 억지로라도 흑1로 위와 아래 백돌 사이에 넣어봅시다.

이런 행동을 '끼움'이라고 부르지요. 흑1로 끼우면 어떻게 될까요?

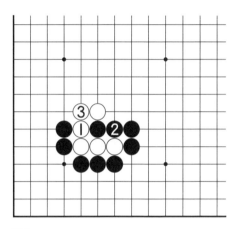

5도

5도 (이후 과정이 나쁘다)

그러면 백은 1로 단수치며 나가려 하겠지요. 이때 흑2로 이으면 백도 3에 이으면서 탈출합니다.

그러면 이 결과는 3도의 쌍립을 끊으려 할 때 나오는 모양과 같습니다. 흑이 출발은 좋았지만 과정이 나빴습니다.

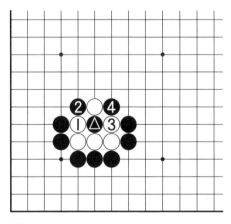

6도

6도 (연단수)

백1로 나갈 때 흑2로 막으면서 단수치는 것이 좋은 수법입니다.

백3으로 흑▲를 따내면 흑4로 2와 동일하게 막습니다. 이 진행은 연단수와 같습니다.

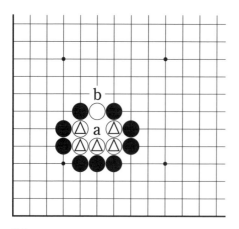

7도

7도 (조임으로 죽음)

그러면 이 모양이 되는데, 보다시피 백△ 5점이 단수 상태입니다. 다음 백은 a에 이을 수 없습니다. 흑b면 백 전체를 따내기 때문이죠.

이처럼 연단수로 상대를 압박해서 뭉치게 하는 일련의 과정을 '조임'이라 부릅니다. 결국 백은 조임으로 죽는 모습이지요.

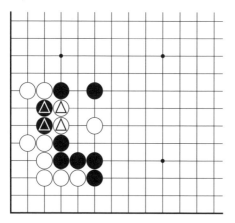

8도

8도 (활로를 줄이는 방법은?)

이 모양에서 흑이 전체를 연결하려면 백△ 두점을 잡아야 합니다.

좌변 흑△ 두점은 2수에 불과하므로 당장 백의 활로를 줄이면서 잡는 방법을 생각해야 합니다.

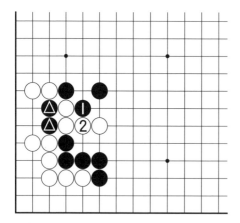

9도

9도 (활로가 늘어난다)

흑1로 단수치면 백2로 잇는 순간 백은 넉점으로 연결되며 활로가 더욱 늘어납니다.

그러면 흑△ 두점도 자동적으로 잡히며 흑은 분열되겠지요.

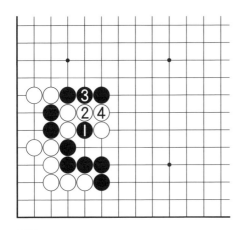

10도

10도 (단순한 막음)

흑1로 끼우면서 단수치는 것이 좋은 출발입니다.

그러나 백2로 나갈 때 흑3에 단순히 막으면 백4로 이어 전체 활로가 늘어납니다.

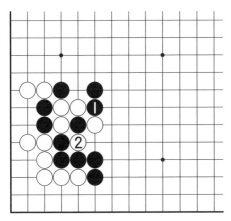

11도

11도 (끊으면서 단수)

이 상황에서 흑1로 끊으면서 단수치는 것이 교묘합니다. 다음 백2로 흑 한점을 따내면~

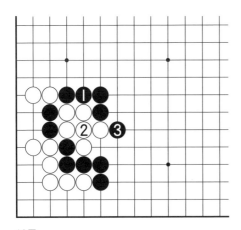

12도

12도 (조이는 수법)

이 모양이 되는데 흑1, 3으로 계속 단수치면 백 전체를 잡을 수 있습니다.

백은 포도송이처럼 뭉친 모양이 되었는데, 흑의 조이는 수법이 작용한 결과입니다.

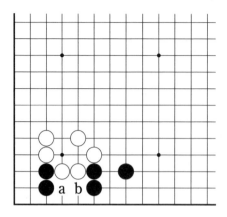

1도

1도 (가까운 거리에서)

이 모양에서 흑이 귀와 변을 연결해 보세요.

이처럼 a와 b를 사이에 두고 가까우면 연결이 어렵지 않습니다. 흑은 a와 b, 어느 쪽이든 두기만 하면 되지요.

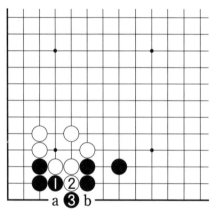

2도

2도 (알기 쉬운 연결)

가령 흑1로 두면 귀와 변이 알기 쉽게 연결됩니다.

백2로 끊으려 해도 흑3에 막으면 백은 a와 b에 둘 수 없으므로 흑은 연결된 모습이죠.

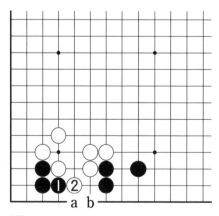

3도

3도 (먼 거리에서는 차단)

이 모양에서는 흑의 귀와 변이 좀 멀어졌습니다.

2도처럼 흑1로 두면 백2로 막아 연결할 수 없습니다. 다음 흑a는 백b로 차단하겠지요.

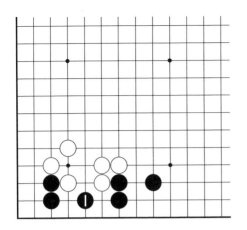

4도

4도 (한칸으로 연결)

이때는 흑1로 한칸에 두는 것이 좋은 연결 수법입니다. 그러면 백이 이곳을 끊을 수 없습니다.

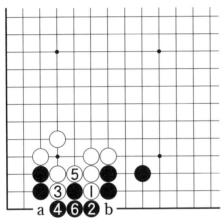

5도

5도 (연결을 확인하는 과정)

백1, 3으로 끊으려 해도 흑2, 4로 막으면 그만이죠.

백5에 단수치면 흑6에 이어서 완전한 연결을 확인할 수 있습니다. 물론 백은 a와 b에 둘 수 없죠.

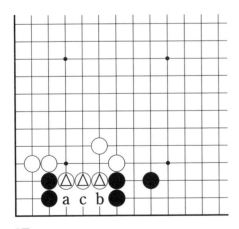

6도

6도 (장애물이 있는 경우)

이번에는 귀와 변의 거리는 3도와 같지만 백△ 석점이 장애물로 도열해 있습니다.

흑이 장애물을 건너가 보세요. 건너감은 즉 연결한다는 뜻입니다.

물론 흑a나 b에 두는 것은 백c에 막혀 안 됩니다.

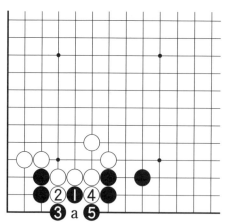

7도

7도 (패가 생긴 모습)

이때도 흑1로 한칸에 두면 백2, 4로 끊으려 할 때 5도와 상황이 달라집니다.

흑5로 막더라도 a의 패가 생긴 모습이죠. 흑이 패를 이겨야 연결할 수 있으니 곤란해졌습니다.

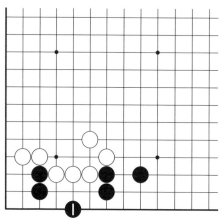

8도

8도 (날일자의 경우)

흑1로 날일자에 두면 어떨까요. 백돌의 장애물을 피해 1선에 두는 것이지요.

얼핏 좌우 모양의 정중앙이므로 보기에는 좋습니다.

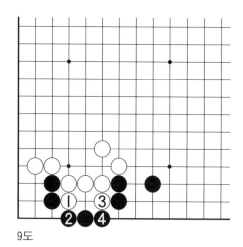

9도

9도 (흑의 희망사항)

물론 백1로 끊으려 하면 흑2로 막고, 백3에도 흑4로 막습니다.

그러면 흑 전체가 보기 좋게 연결된 모습입니다. 이 결과는 흑의 희망사항이기도 하지요.

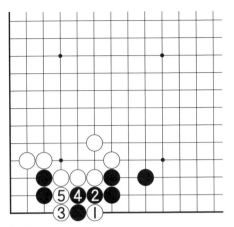

10도

10도 (귀의 두점이 잡힌다)

8도에 이어서, 일단 백은 1로 붙입니다. 흑이 연결하려면 2로 차단해야 할 때 1선에서 백3의 단수가 교묘합니다.

그러면 흑4에 백5로 귀의 흑 두 점이 끊어지며 잡힙니다.

따라서 8도 흑이 날일자에 두면 연결할 수 없습니다.

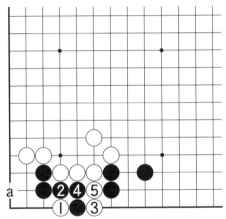

11도

11도 (사는 수단이 남는다)

처음에 왼쪽에서 백1로 붙이면 이하 5까지 같은 방식으로 끊을 수 있지만, 귀에서 흑이 a로 궁도를 넓혀 사는 수단이 남습니다.

따라서 10도처럼 오른쪽에서 먼저 붙이는 것이 실질적인 성과를 얻습니다.

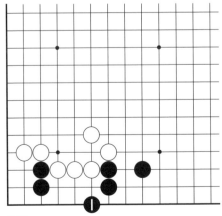

12도

12도 (대각으로 연결)

이 모양에서는 흑1이 교묘한 수법입니다. 1선에 두더라도 대각으로 두는 것이죠. 그러면 귀로 건너갈 수 있습니다.

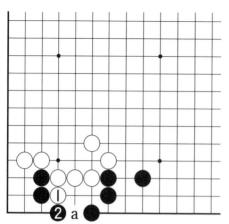

13도

13도 (건너가는 모습)

백1로 끊으려 하면 흑2로 막습니다. 그러면 백이 a에 둘 수 없으니 흑이 건너가는 모습이죠.

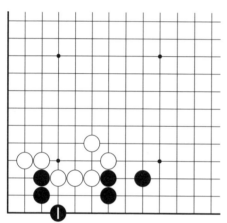

14도

14도 (귀에서 대각으로 연결)

귀에서 흑1로 두더라도 같은 이치로 변에 건너갈 수 있습니다.

백은 어디에 두더라도 끊을 수 없습니다.

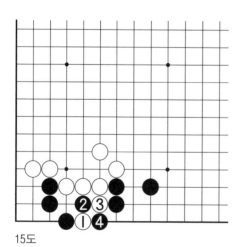

15도

15도 (차단할 수 없다)

만일 백1로 과감하게 차단하려 해도 흑2로 단수치면 그만입니다. 백3이면 흑4로 백1을 따내겠지요.

'수읽기'란 말 그대로 수를 읽는다는 뜻입니다. 수읽기는 앞으로 일어날 변화를 예측해서 최선의 수를 선택하는 과정입니다. 고수가 될수록 많은 수를 내다봅니다. 이번 테마에서는 초보자가 당면 문제를 해결하기 위해 필요한 2~3수의 간단한 수읽기를 알아봅니다.

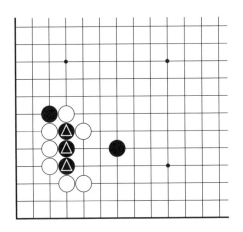

1도

1도 (흑 석점을 살리려면?)

이 모양에서 흑▲ 석점을 살려보세요. 백 진영에 갇혀 있으므로 주변 상황을 이용해서 풀어가야 합니다.

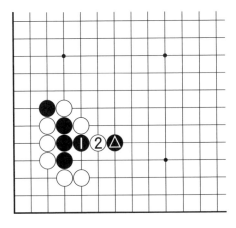

2도

2도 (단순한 나감)

단순히 흑1로 나가려 하면 백2로 흑▲를 끊으면서 단수칩니다. 그러면 흑 넉점이 잡힌 모습이지요.

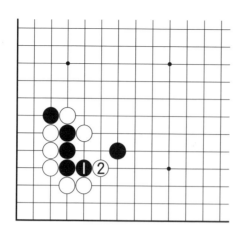

3도

3도 (수읽기 미숙)

흑1쪽에서 나가려 해도 백2로 단수 치면 역시 흑 넉점이 잡힙니다.

2도와 3도의 결과는 수읽기가 미숙한 탓이지요.

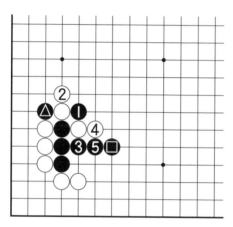

4도

4도 (탈출)

흑은 우선 ▲를 이용해서 1로 단수 친 후 3으로 계속 단수쳐야 합니다. 그러면 백4에 나갈 때 흑5로 ■와 연결하며 탈출할 수 있습니다.

이처럼 미리 흑▲를 이용한다는 수읽기가 필요합니다.

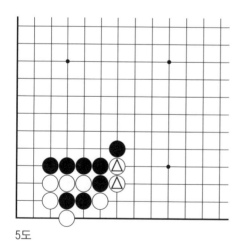

5도

5도 (백 두점을 잡으려면?)

이 모양에서 백△ 두점을 잡아보세요. 미리 백의 약점을 찾는 수읽기가 필요합니다.

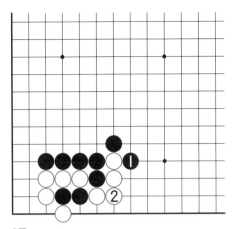

6도

6도 (완전무결)

단순히 흑1로 활로를 막으면 백은 2로 약점을 이어서 완전무결합니다. 주변 상황에 무심하면 이런 결과가 되지요.

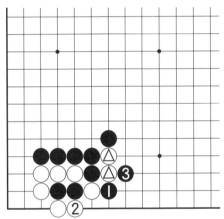

7도

7도 (축으로 잡는다)

흑1로 약점을 끊어서 단수부터 쳐야 합니다. 백2로 흑 두점을 따낼 때 흑3에 단수치면 백△ 두점을 축으로 잡을 수 있습니다.

　이처럼 미리 백의 약점을 끊는다는 수읽기가 필요하지요.

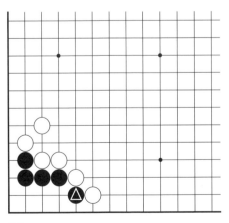

8도

8도 (흑의 가장 큰 성과는?)

이 장면에서 흑이 어떻게 두면 가장 큰 성과를 거둘지 생각해보세요.

　바둑은 나와 상대의 소통입니다. 이런 측면에서 수를 읽으려면 흑△도 약점이 있지만 백의 약점도 찾아야 합니다.

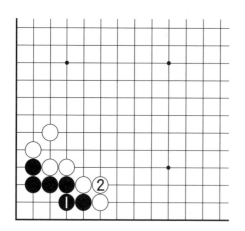

9도

9도 (나의 약점만 생각)

나의 약점만을 생각한다면 흑1로 잇겠지요.

그러면 백도 2로 이어 약점을 보강합니다. 흑은 좋은 기회를 잃었습니다.

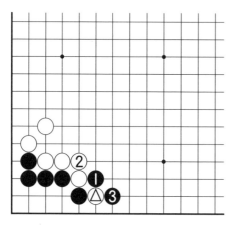

10도

10도 (끊어서 계속 단수친다)

흑1로 끊어서 단수친 후 또 3으로 단수치면 백△를 잡을 수 있습니다.

흑이 약점도 없애면서 한점을 잡고 변으로 진출했으니 성과가 크지요. 상대와 소통하는 수읽기 덕분입니다.

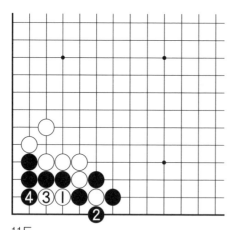

11도

11도 (백이 잡힐 뿐)

이제 백이 1, 3으로 안에서 흑의 약점을 공격해도 흑은 4까지 백 두점을 잡으면 됩니다.

이처럼 변의 백 한점을 잡으면 흑의 약점도 사라진다는 수읽기가 필요하지요.

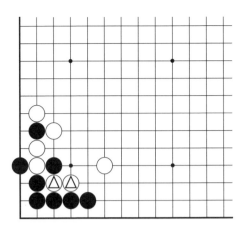

12도

12도 (백 두점을 잡으려면?)

이 모양에서 백△ 두점을 잡아보세요. 주변 환경을 이용해서 이미 배운 초보 기술을 적용하는 수읽기가 필요합니다.

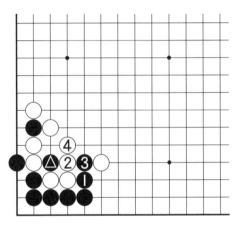

13도

13도 (한점만 잡힐 뿐)

단순히 흑1, 3으로 단수치는 것은 흑△만 잡힐 뿐입니다. 물론 수읽기에는 이런 변화도 포함해야 하지만 최종 선택은 아니지요.

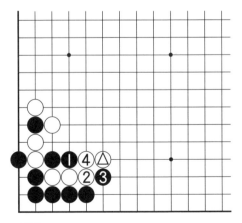

14도

14도 (연결만 허용)

흑1쪽에서 단수쳐도 백2로 나가면 △와 연결되어 잡을 수 없습니다.

흑3의 단수는 백4의 이음만 확인할 뿐이죠.

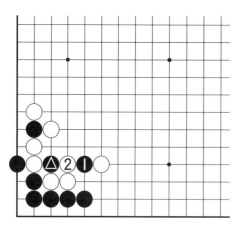

15도

15도 (준비 없는 장문)

단수가 안 되면 이제 장문을 떠올려볼까요.

흑1이 장문 모양이지만 아무 준비 없이 두면 백2로 단수쳐 흑▲가 잡힐 뿐입니다.

지금까지 안 되는 변화만 읽었다면 이제 답을 읽을 차례입니다.

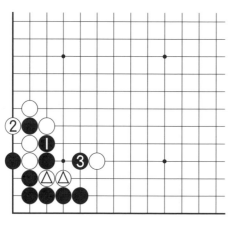

16도

16도 (완벽한 장문)

우선 흑1로 단수치는 것이 사전 준비입니다.

그러면 백2로 흑 한점을 따낼 때 흑3이 장문에 해당합니다. 백△ 두점이 꼼짝없이 잡힌 모습이죠.

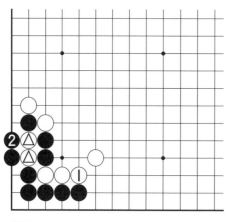

17도

17도 (백의 손실이 더욱 크다)

이 과정에서 만일 백1로 이쪽을 살리면 흑은 2로 백△ 두점을 따냅니다. 그러면 백은 도처가 약해져서 손실이 더욱 큽니다.

꼬리에 꼬리를 무는 핵심 정리

테마❶　상대를 잡기 위해서는 단수가 필연이다. 단수칠 때는 몇 가지 요령이 있다. 나의 강한 방향으로 단수친다. 활로가 늘어나지 않도록 단수친다. 지그재그로 단수치면 활로가 늘지 않는다. 변의 1선 방향으로 단수치며 몰아간다. 활로가 중앙 쪽으로 열리면 잡기 어렵다. 끊으면서 단수치면 큰 성과를 얻을 수 있다. 이때 끊고 나서 후속수단을 생각해야 한다. 한 수로 끊어서 잡는 경우도 있다. 서로 단수가 된 모양에서는 상대 돌을 따내는 것이 가장 큰 이득을 얻는다. 양단수는 한 수로 양쪽을 동시에 단수치는 모양이다. 양단수를 이용하면 둘 중의 하나를 잡고 큰 성과를 거둘 수 있다.

테마❷　상대를 잡으려면 활로 2개에서 단수가 필요하다. 지그재그 방향으로 단수치며 몰아가는 것을 축이라 한다. 축은 상대의 활로를 2개 이내로 제한하는 기술이다. 축에 걸리면 처음부터 포기해야 더 큰 손해를 막을 수 있다. 상대방을 씌우면서 가두는 기술을 장문이라 한다. 장문으로 잡으면 그 자리에서 해결하므로 알기 쉽다. 먹여치며 잡는 수법을 환격이라 한다. 환격은 끊으면서 단수친다고 생각해도 좋다. 촉촉수의 기본은 단수치고 이을 때 따내는 모양이다. 촉촉수는 보통 연단수와 먹여치는 수법을 동반하는 경우가 많다.

테마❸　축머리는 축을 방해하는 돌이다. 축머리가 있는데도 축으로 몰면 약점만 생겨 두기 어려워진다. 축이 가능할 때라도 상대가 축머리에 두면 잡은 돌을 따내야 뒤탈이 없다. 축머리인지 아닌지 구별하기 위해 대각 방향으로 축이 나올 모양과 가까운 자리에 이동해서 따지면 알기 쉽다. 축으로 잡을 수 있더라도 가능하면 잡은 돌을 따내야 축머리 활용을 미리 방어할 수 있다. 축과 장문이 둘 다 가능하다면 장문으로 잡는 것이 확실하다. 한 수로 문제를 해결하기 때문이다. 장문의 응용으로 머리에 붙이거나 쌍립 자리에 붙여 가두는 수법이 있다. 연단수로 상대를 압박해서 뭉치게 하는 일련의 과정을 조임이라 한다. 조이는 수법은 상대의 수를 줄이며 잡을 때 유용하다. 서로 먼 거리에 떨어져 있어도 1선의 대각을 이용하면 연결이 가능하다.

테마❹　수읽기는 앞으로 일어날 변화를 예측해서 최선의 수를 선택하는 과정이다. 문제를 해결하려면 미리 상대의 약점을 찾는 수읽기가 필요하다. 나의 약점만 생각하면 좋은 기회를 잃는다. 상대의 약점을 이용하면 나의 약점도 사라진다는 수읽기가 필요하다.

① 끊으면서 단수: 흑1

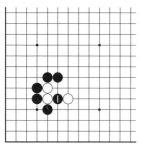

② 양단수: 흑1

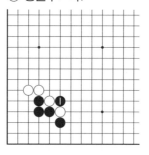

③ 축: 흑1, 3

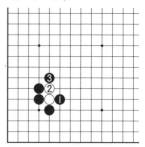

④ 장문: 흑1

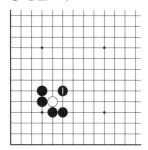

⑤ 환격: 흑1

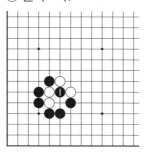

⑥ 촉촉수: 흑1, 3

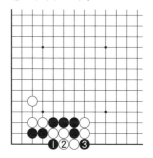

⑦ 축머리: 백△

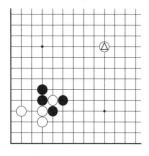

⑧ 장문의 응용: 머리붙임

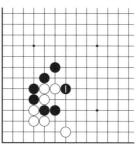

⑨ 장문의 응용: 쌍립붙임

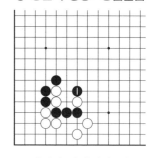

⑩ 끼움: 흑1

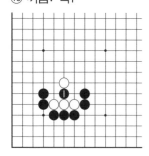

⑪ 조임: 흑1, 3

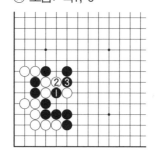

⑫ 멀리서 건너가기: 흑1

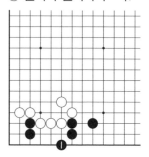

생각하며 복습하는 문제

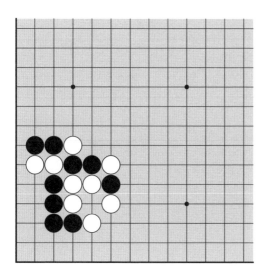

▥ 문제 1

이 그림을 살펴보면 여기저기 서로 단수가 되어있습니다.

흑이 난국을 해결하려면 어디에 두어야 할까요?

문제 1

▥ 문제 2

이 그림을 살펴보면 서로 약점이 있습니다. 특히 백의 약점은 제법 많지요. 그렇더라도 흑▲가 당장 위험합니다.

흑이 문제를 해결하려면 어디에 두어야 할까요?

문제 2

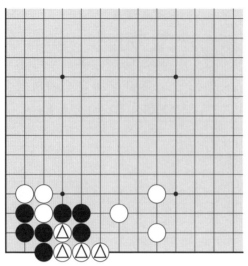

문제 3

▦ 문제 3

흑이 분열되어 위급한 상황입니다. 이를 해결하려면 백△ 넉점을 잡을 수밖에 없습니다. 어디에 두면 백을 가둘 수 있는지 생각해보세요.

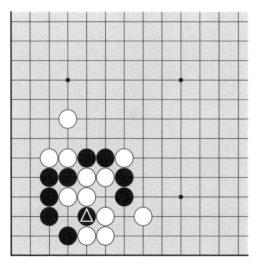

문제 4

▦ 문제 4

지금 중앙의 흑이 분열되어 열악한 환경입니다.

단수로 몰린 흑▲를 이용해서 상황을 단번에 역전시켜 보세요.

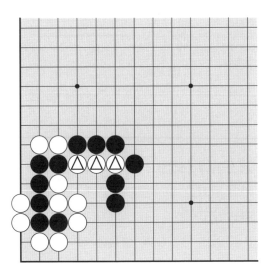

문제 5

▦ 문제 5

좌변의 흑 6점이 잡혀있습니다. 한줄기 희망은 백의 약점을 파고들어 △ 석점을 잡는 것이죠.

앞에서 배웠던 촉촉수 기술을 발휘해보세요.

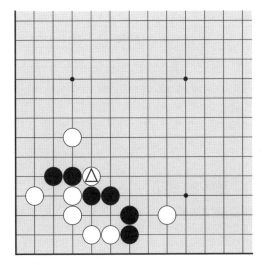

문제 6

▦ 문제 6

백△로 힘차게 끊은 장면입니다. 통하기만 하면 흑이 분열되어 통쾌하겠지요.

흑의 해결책은 간단합니다. 백△를 잡으면 되지요. 어떤 방식으로 잡으면 가장 확실한지 생각해보세요.

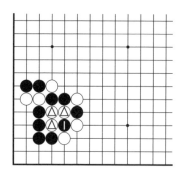

문제 1 (정답)

흑은 두 군데가 단수로 되어있어 불안한 모습인데, 흑1로 백△ 석점을 따내면 모든 문제가 해결됩니다.

백 석점을 들어내고 보면 온통 흑 천지임을 알 수 있습니다.

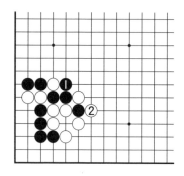

문제 1 (오답)

나의 약점만 생각하면 우선 흑1로 달아날지도 모릅니다.

그러면 백2로 흑 한점을 잡아서 하변 방면은 백의 위력적인 모양이 형성됩니다.

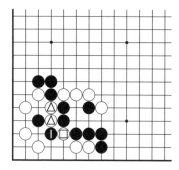

문제 2 (정답)

흑1의 양단수가 정확한 급소입니다. 그러면 백△와 □, 둘 중 하나를 잡아서 큰 이득을 보며 흑의 약점도 자동적으로 해소됩니다.

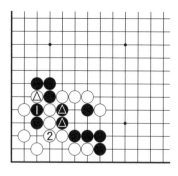

문제 2 (오답)

흑1도 양단수이지만 급소를 잘못 짚었습니다.

그러면 백2로 잇고 나서 흑△ 두점이 당장 위험합니다. 백△를 잡을 겨를도 없지요.

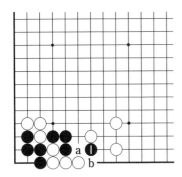

▦ 문제 3 (정답)

흑1로 두면 백 넉점이 꼼짝할 수 없습니다. 백이 a와 b, 어디로 나가든 흑이 차단하면 그만이죠. 확인해보기 바랍니다. 흑1은 장문에 해당하는 자리였습니다.

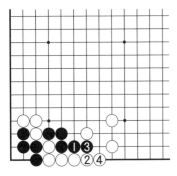

▦ 문제 3 (오답)

단순히 흑1, 3으로 단수쳐서 몰면 백4로 유유히 연결해갑니다.

이제 흑은 귀의 죽음과 변도 쫓기는 신세가 되어 허망할 뿐입니다.

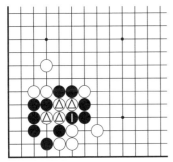

▦ 문제 4 (정답)

흑1로 단수치면 백△ 넉점이 환격으로 잡히는 모습입니다. 그러면 모든 문제가 해결되지요.

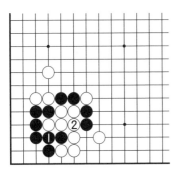

▦ 문제 4 (오답)

모양의 급소를 찾지 못하면 흑1로 한점을 연결하고 맙니다.

그러면 아무 일 없는 듯이 백2로 살아가며 중앙의 흑이 곤란해졌습니다.

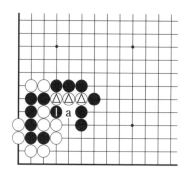

⊞ 문제 5 (정답)

흑1로 먹여치는 것이 촉촉수의 출발입니다. 그러면 백△ 석점이 죽은 목숨입니다.

이제 백도 석점을 포기해야겠지요. 만일 백a로 흑1 한점을 따내면~

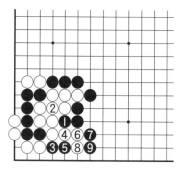

⊞ 문제 5 (참고)

이 모양이 되는데, 계속해서 흑1로 단수치고 나서 9까지 축과 비슷한 모습으로 백 전체가 잡힌 모습입니다.

먹여침과 연단수는 촉촉수의 핵심 기술이지요.

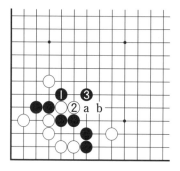

⊞ 문제 6 (정답)

흑1로 단수치고 나서 3으로 씌우는 것이 교묘합니다. 그러면 장문으로 백이 잡힌 모습이지요. 백a면 흑b로 막아 달아날 수 없죠. 축을 유도해서 장문으로 잡는 기술이라 봐도 좋겠습니다.

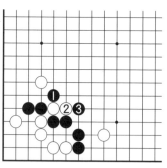

⊞ 문제 6 (오답)

흑1, 3으로 단수쳐도 잡을 수 있습니다. 바로 축이죠.

그러나 축은 축머리 활용이 남아 가일수가 필요합니다. 확실한 장문보다 부족합니다.

PART 2

좋은 모양을
만들기 위한
초보 행마

바둑은 귀에서부터 변, 중앙으로 발전합니다. 귀에서 출발하는 이유는 귀가 집을 짓는 데 가장 효율적이기 때문입니다. 이번 테마에서는 귀에서 집을 짓는 효율성과 귀의 명칭에 대해 알아봅니다.

① 귀에서 시작하는 이유

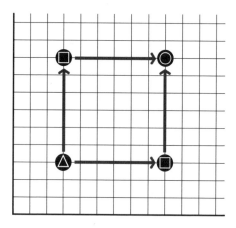

1도

1도 (입체화되는 과정)

바둑은 처음 귀에서 출발하여 변으로 발전하며, 중앙으로 확산됩니다.

이 그림은 바둑이 귀(▲)→변(■)→중앙(●)으로 진출하며 입체화되는 과정을 보여줍니다.

바둑판의 공간을 점→선→면으로 상상해도 좋겠지요.

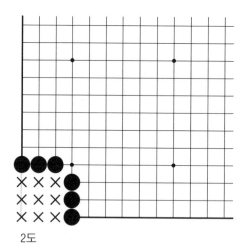

2도

2도 (귀의 9집)

이 그림은 흑이 귀에서 ×의 9집을 마련한 모양을 보여줍니다. 흑돌 6개를 사용했습니다.

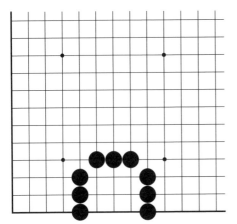

3도

3도 (변의 9집)

이 그림은 변에서의 9집입니다. 흑돌 9개를 사용했습니다.

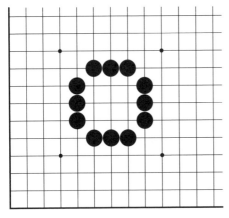

4도

4도 (중앙의 9집)

이 그림은 중앙에서의 9집입니다. 흑돌 12개를 사용했습니다. 흑이 9집을 마련하는 데 귀는 6개, 변은 9개, 중앙은 12개의 돌을 사용했습니다.

그러고 보면 귀가 집을 짓는 데 가장 효율적이죠. 이어서 변, 중앙 순이었습니다.

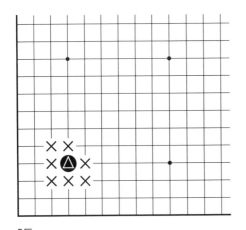

5도

5도 (귀에서 많이 두는 자리)

바둑의 시작은 귀부터라고 알았습니다. 귀라고 해도 구상에 따라 많이 두는 자리가 있습니다.

흑▲는 귀의 대표적 자리입니다. 그 외에 ×의 어디라도 둘 수 있습니다. 모두 귀에 해당하죠.

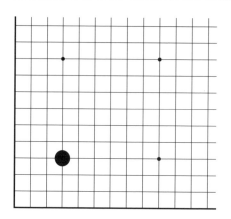

1도

1도 (화점)

이 그림에서 흑이 자리한 지점은 바둑판의 4선과 4선이 만납니다. 이를 '화점'이라 부르죠.

　귀를 한 수로 처리하면서 변의 발전성을 추구할 때 사용합니다.

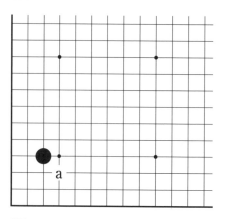

2도

2도 (소목)

이 그림에서 흑이 자리한 지점은 바둑판의 3선과 4선이 만납니다. 이를 '소목'이라 부릅니다. 대각 방향인 a도 역시 소목이죠.

　소목은 귀의 집을 짓는 데 안정감이 있습니다. 보통 화점과 소목은 균형감이 있어 가장 많이 사용합니다.

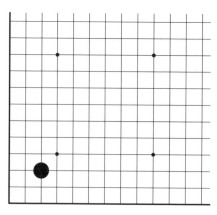

3도

3도 (3三)

이 그림에서 흑이 자리한 지점은 바둑판의 3선과 3선이 만납니다.

　이를 '3三'이라 부릅니다. 발음하면 '삼삼'이죠. 한 수로 가장 확실한 집을 짓는 데 사용합니다.

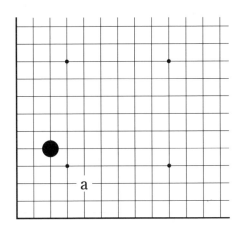

4도

4도 (외목)

이 그림에서 흑이 자리한 지점은 바둑판의 3선과 5선이 만납니다.

이를 '외목'이라 부릅니다. 대각 방향인 a도 역시 외목이죠.

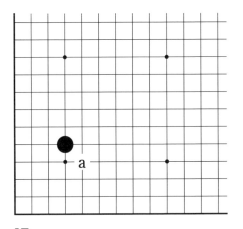

5도

5도 (고목)

이 그림에서 흑이 자리한 지점은 바둑판의 4선과 5선이 만납니다. 이를 '고목'이라 부릅니다. 대각 방향인 a도 역시 고목이죠.

보통 외목과 고목은 집보다는 싸우는 데 목적을 둡니다.

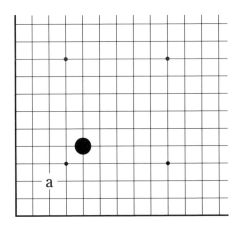

6도

6도 (5五)

참고로 이 자리는 5선과 5선이 만나므로 굳이 이름을 붙이자면 '5五'라고 하죠.

a의 3三에서 멀리 떨어진 만큼 집에는 약해 거의 사용되지 않지만, 중앙에 뜻을 둔다면 시도는 가능하겠지요.

바둑은 미지의 공간에 길을 내며 돌을 놓아갑니다. 이런 돌의 움직임을 '행마'라고 합니다. 행마의 원리를 알면 좋은 행마를 통해 집을 짓고 싸우기 좋은 모양을 만들 수 있지요. 행마의 기본은 돌과 돌의 관계에 있습니다. 이번 테마에서는 기본 행마의 종류와 활용의 예를 알아봅니다.

① 쌍점 행마

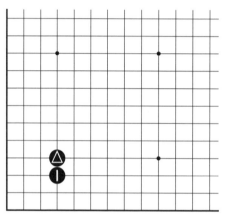

1도

1도 (쌍점 행마란?)

이 그림은 화점의 흑▲에 흑1로 붙여 연결한 모양입니다. 보통 이런 움직임을 '쌍점 행마'라 합니다.

쌍점 행마는 가장 튼튼하여 힘은 있지만, 집의 효율이 약하므로 적절한 상황에서 사용해야 좋습니다.

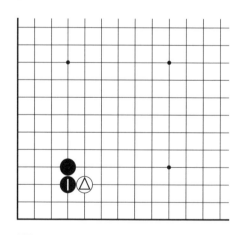

2도

2도 (막으면 강해진다)

이 그림에서 귀의 화점에 백△로 코앞까지 너무 가까이 다가오면 흑1로 막아 흑의 모양이 아주 강해지고 백△는 약합니다.

이런 경우 흑1의 쌍점 행마가 빛을 발하지요.

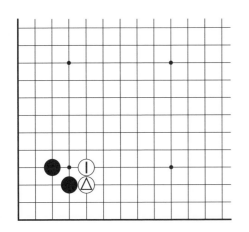

3도

3도 (강한 모양)

귀의 소목에서 파생된 모양인데, 백
1로 올라서면 ◭와 더불어 두점이
강해집니다.

　이때 백1은 쌍점 행마에 해당하
지요.

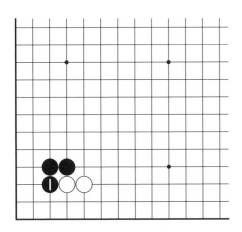

4도

4도 (귀를 지키는 꼬부림)

이 그림에서 흑1로 꼬부리며 막으
면 귀를 지키면서 흑의 모양이 강
해집니다. 흑1도 역시 쌍점 행마에
해당합니다.

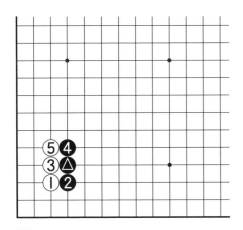

5도

5도 (쌍점 행마의 연장)

흑▲의 화점에는 백1로 3三에 들어
갈 수 있습니다.

　이때 흑2~백5는 서로 힘을 내며
영역을 만들어가는 과정입니다. 서
로 석점씩 연결하고 있지만 쌍점
행마의 연장이라 봐도 무방하지요.

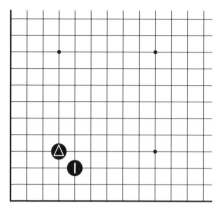

1도

1도 (마늘모 행마란?)

이 그림은 화점의 흑▲에 대각 방향인 흑1로 연결한 모습입니다. 보통 이런 움직임을 '마늘모 행마' 또는 '입구자 행마'라고도 합니다.

마늘모 행마는 튼튼하면서 탄력도 있지만, 역시 집의 효율이 약하므로 적절한 상황에서 사용해야 좋습니다.

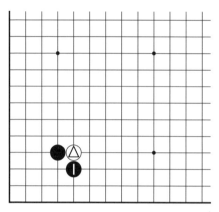

2도

2도 (붙이면 젖힌다)

귀의 화점에 백△로 붙여오면 흑1의 마늘모 행마로 젖히는 것이 좋습니다. 그러면 흑이 상대를 압박해서 강해지고 백△는 약한 모양입니다.

상대의 돌에 나홀로 무턱대고 붙이거나 너무 가까이 다가가는 것은 좋지 않음을 기억해두세요.

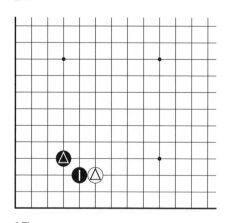

3도

3도 (귀를 지키는 붙임)

흑▲의 화점에 백△의 날일자로 다가선 모양입니다. 흑1의 붙임은 백에게 직접적인 압박을 가하면서 귀의 집을 지키려는 뜻입니다. 이때 흑1은 마늘모 행마이지요.

참고로 상대 돌과도 흑▲와 백△는 날일자 관계입니다.

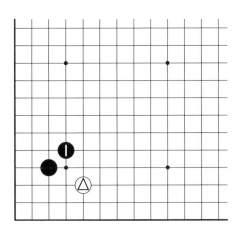

4도

4도 (소목에서 변쪽 지킴)

백△는 흑의 소목에 날일자로 다가
선 모양입니다.

이때 흑1은 귀를 변쪽에서 지키
며 백△를 차분히 노리는 마늘모 행
마입니다.

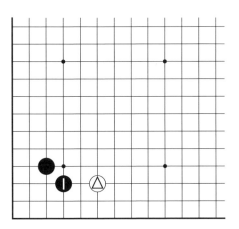

5도

5도 (소목에서 귀의 지킴)

백△는 귀의 소목에 두칸 아래로
다가선 모양입니다.

이때 흑1의 마늘모 행마는 귀의
집을 지키며 동시에 백△를 압박하
는 적절한 역할도 합니다.

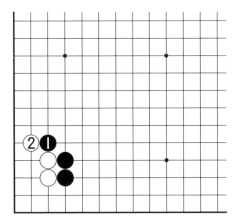

6도

6도 (행마의 원리)

서로 귀에서 경합하고 있는 모양입
니다.

흑1로 젖혀 힘을 내면 백도 2로
젖혀 변에 진출하는 것이 자연스런
행마의 원리입니다. 이때 흑1과 백
2는 모두 마늘모 행마이지요.

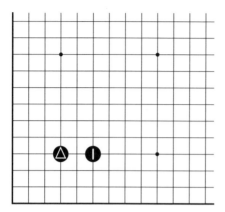

1도

1도 (한칸 행마란?)

이 그림은 화점 흑▲에서 한칸인 흑 1로 연결한 모습입니다. 이런 움직임을 '한칸 행마'라 합니다.

쌍점 행마보다 힘이 덜하지만, 한 칸 행마는 비교적 단단하며 간격에서 속도감이 있는 만큼 집의 효율이 높아집니다.

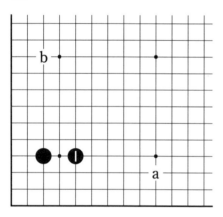

2도

2도 (소목에서 한칸 행마)

흑1은 소목에서 한칸 행마입니다. 귀의 집을 마련하면서 a와 b쪽 변의 발전에도 도움을 주지요.

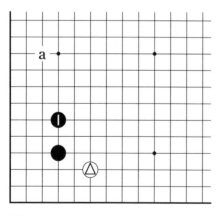

3도

3도 (화점에서 모양을 갖춘다)

귀의 화점에 백▲로 다가오면, 흑1의 한칸 행마가 많이 사용됩니다.

모양을 갖추면서 a쪽 변의 진출에도 힘을 보태주지요.

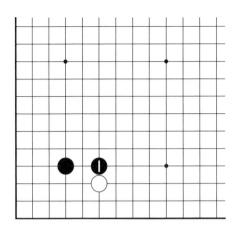

4도

4도 (기대면서 모양을 갖춘다)

3도와 같은 조건에서 흑1로 붙인
것은 상대한테 기대면서 모양을 갖
추려는 뜻입니다. 이때 흑1도 한칸
행마를 활용하고 있지요,

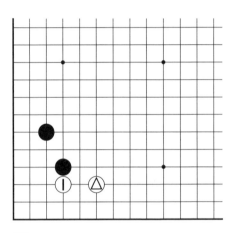

5도

5도 (근거를 위한 붙임)

흑의 화점에서 파생된 모양인데, 백
1의 붙임은 △를 기반으로 귀에 파
고드는 한칸 행마입니다.

　귀에서 백의 근거를 마련하겠다
는 강한 수법입니다.

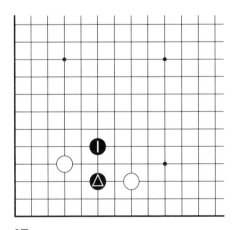

6도

6도 (중앙 진출하며 싸운다)

이 그림은 흑●가 공격을 받고 있
는 모양입니다.

　이때 흑1의 한칸 행마는 중앙으
로 진출하면서 싸우려는 뜻입니다.

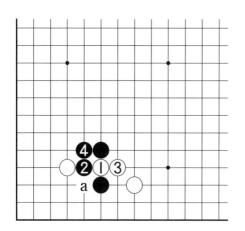

7도

7도 (끊음은 두렵지 않다)

이때 백1로 끊으려는 시도를 흑이
두려워하면 안 됩니다.

흑은 2로 단수친 후 4에 잇는 것
이 좋은 기술입니다. 다음 a의 약점
이 생기지만~

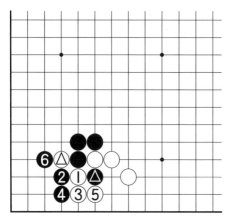

8도

8도 (귀의 흑집이 크다)

백1로 약점을 끊으면 흑은 2, 4로
단수치고 막습니다. 백5로 흑△를
잡을 때 흑도 6으로 단수치면 백△
를 축으로 잡을 수 있습니다.

같은 투자를 하더라도 변보다 귀
가 크므로 이 모양도 변의 백집보
다 귀의 흑집이 유리합니다. 한칸
행마를 억지로 끊으려 하면 이처럼
결과가 나쁩니다.

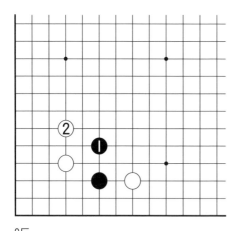

9도

9도 (동행하며 싸운다)

흑1로 중앙에 진출하면 백도 2의
한칸 행마가 무난합니다.

서로 한칸 행마로 동행하면서 싸
우는 진행이 되지요.

④ 날일자 행마

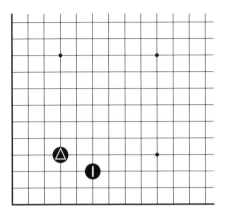

1도

1도 (날일자 행마란?)

흑1은 화점의 흑▲에서 날일자로 연결한 모습입니다. 이런 움직임을 '날일자 행마'라 합니다.

마늘모 행마보다 힘이 덜하지만, 날일자 행마는 한칸 행마와 마찬가지로 집의 효율이 높아집니다.

더불어 한칸 행마에 비해 단단하지는 않지만 상황에 대처하는 탄력이 좋습니다.

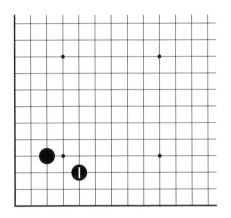

2도

2도 (소목에서 날일자 행마)

흑1은 귀의 소목에서 날일자 행마입니다.

보통 귀의 집을 마련하는 데 가장 안정감이 있습니다.

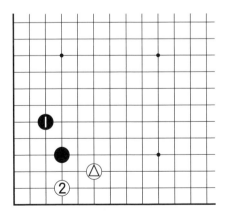

3도

3도 (서로 모양을 갖춘다)

귀의 화점에 백▲로 다가오면 흑1의 날일자 행마가 가장 많이 사용됩니다. 먼저 변쪽으로 모양을 갖추고 백▲를 노리겠다는 뜻이죠.

이때 백2의 날일자 행마도 귀에 들어가서 일정 지분을 얻으며 모양을 갖추려는 뜻이지요.

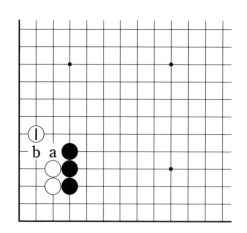

4도

4도 (효율적 진출)

서로 귀에서 경합하는 모양에서 백
1도 귀에서 변으로 진출하는 효율
적 수입니다.

백1은 날일자 행마인데 흑a면 백
b로 막아서 끊어질 염려가 없는 것
이 장점입니다.

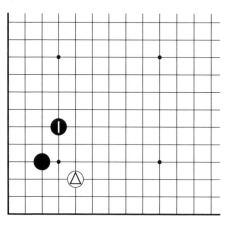

5도

5도 (소목에서 모양을 갖춘다)

귀의 소목에 백△로 다가오면 흑1
의 날일자 행마도 많이 사용됩니다.

우선 흑이 모양을 갖추는 수단이
며, 백△를 천천히 노리겠다는 뜻입
니다.

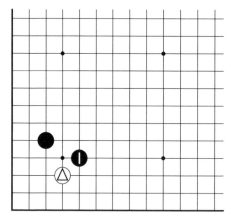

6도

6도 (외목에서 날일자 행마)

백△는 귀의 외목에 날일자로 다가
선 모양입니다.

이때 흑1의 날일자 행마가 많이
사용됩니다. 백△를 압박하면서 중
앙을 지배하려는 뜻이 있습니다.

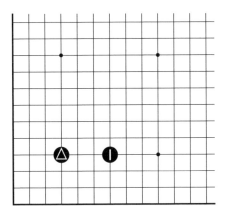

1도

1도 (두칸 행마란?)

이 그림은 화점의 흑▲에서 두칸인 흑1로 둔 모양입니다. 이런 움직임을 '두칸 행마'라 합니다.

한칸 행마보다도 힘이 덜해 약점 이 있지만, 두칸 행마는 속도감이 높 아 변과 중앙으로 발전하는 데 효율 적입니다.

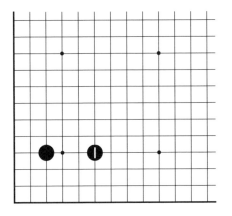

2도

2도 (소목에서 두칸 행마)

귀의 소목에서 흑1은 두칸 행마입니 다. 이 모양은 인공지능 바둑이 애용 하는 수법이기도 하죠.

귀를 폭넓게 지키면서 변의 발전 을 노립니다.

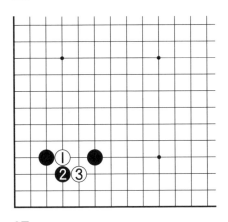

3도

3도 (성급한 끊음)

두칸 행마가 속도감이 높은 대신 약 점이 있다고 했습니다.

그렇다고 귀에서 당장 백1, 3으로 끊으려는 것은 성급합니다.

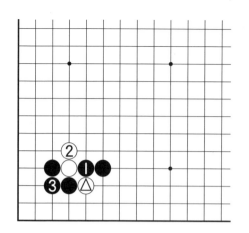

4도

4도 (변에 고립)

흑은 1로 끊은 후 3에 이어서 정비합니다.

그러고 보면 백△가 끊었다기보다 변에 고립되어 위험합니다.

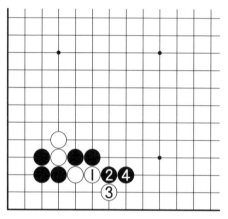

5도

5도 (끊어놓고도 불리)

백1, 3으로 움직여도 흑이 4까지 위에서 압박하면 백이 위험한 모양입니다. 백은 끊어놓고도 불리하므로 끊을 이유가 없겠지요.

참고로 중앙이라면 사방으로 공간이 트인 만큼 두칸 행마를 끊을 수 있겠지만, 이득이 없다면 굳이 끊을 필요가 없지요.

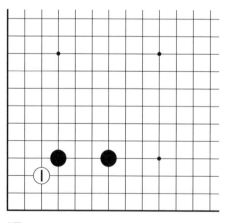

6도

6도 (3三침입)

화점에서 두칸 행마라면 귀가 더욱 취약해서 백1로 침입하면 흑의 손실이 큽니다. 참고로 백1은 '3三침입'이라 합니다.

특별한 조건이 아니면 화점에서 두칸 행마는 실속이 없어 거의 두지 않습니다.

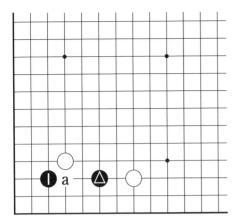

7도

7도 (귀에서 안정)

앞에서 나온 모양으로 흑△가 공격을 받는 장면입니다. 흑이 싸움을 피하려면 흑1의 3三침입이 제격입니다.

　흑△가 a로 차단되더라도 귀에서 안정하겠다는 뜻이지요. 이때 흑1도 두칸 행마에 해당합니다.

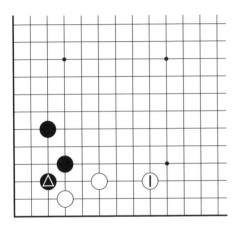

8도

8도 (변에서 근거 마련)

이 모양에서 흑이 △의 마늘모 행마로 귀를 지키면 백은 1의 두칸 행마로 변에서 근거를 마련하는 것이 행마의 요령입니다.

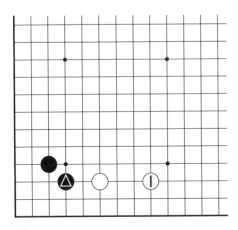

9도

9도 (안정된 3선의 두칸 행마)

이 모양에서 흑△는 소목의 귀를 지키는 수단인데, 백1도 역시 변에서 안정을 위한 두칸 행마이지요.

　특히 지금처럼 3선에 위치한 두칸 행마는 매우 안정된 모양입니다.

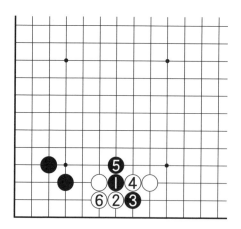

10도

10도 (3선의 두칸은 끊을 수 없다)

3선에서의 두칸 행마를 흑이 끊으려는 것은 무모합니다.

흑1, 3으로 끊으려 하면 백도 4로 끊은 후 6으로 이어 버틸 수 있습니다. 그러면 흑3 한점이 오히려 잡힌 모습이지요.

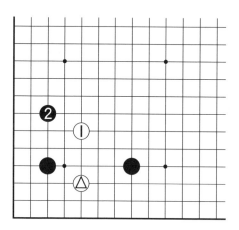

11도

11도 (동행하며 싸운다)

흑의 소목에 다가선 백△가 변에서 공격받는 장면입니다.

그러면 백1의 두칸 행마는 중앙으로 진출하겠다는 뜻입니다. 흑2도 두칸 행마로 동행하며 싸우는 모양이지요.

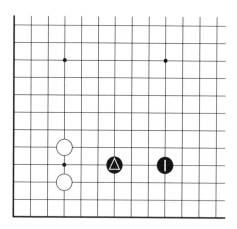

12도

12도 (변의 4선에서 안정)

이 그림에서 흑1도 두칸 행마입니다. 귀에 한칸으로 모양을 갖춘 백의 발전을 견제하고 있는 흑△를 변에서 안정시키려는 뜻이죠.

특히 흑의 모양은 4선에서의 두칸 행마입니다.

⑥ 눈목자 행마

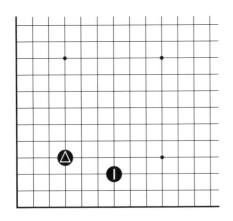

1도

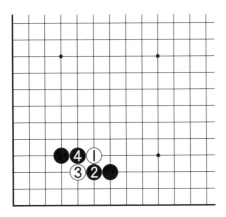

2도

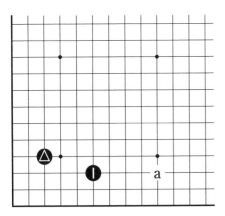

3도

1도 (눈목자 행마란?)

흑1은 화점의 흑▲에서 두칸 아래입니다. 이런 움직임을 '눈목자 행마'라 합니다. 두 돌의 관계가 한자의 '눈목(目)'과 같은 모양이지요.

날일자 행마보다 힘이 덜해 약점이 있지만, 두칸 행마와 마찬가지로 속도감이 높습니다. 특히 눈목자 행마는 귀와 변을 동시에 중시할 때 효율적입니다.

2도 (무모한 끊음)

두칸 행마와 마찬가지로 눈목자 행마도 약점이 있지만 이 모양에서 당장 끊으려는 시도는 무모합니다. 백1, 3이면 흑4까지 서로 끊어지지만, 중앙 쪽 백1은 약한 돌이고 귀쪽 백3은 살기도 어렵지요.

참고로 중앙에서의 눈목자 행마는 끊을 수 있지만, 이득이 없다면 굳이 끊을 필요가 없겠지요.

3도 (소목에서 눈목자 행마)

흑1은 ▲의 소목에서 눈목자 행마입니다. 소목에서 날일자 행마에 비해 귀를 폭넓게 지키면서 하변인 a 방면에도 영향을 미칩니다.

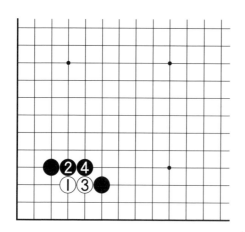

4도

4도 (살아도 손해)

눈목자 행마는 약점이 있다고 했지만, 당장 백1로 침입해서 흑2, 4로 중앙과 차단되면 백이 살아도 손해입니다.

　바둑은 공간이 넓고 집이 많아야 이기는 게임인데 이처럼 답답하게 두면 이길 수 없음도 기억해두세요.

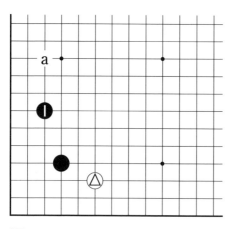

5도

5도 (귀와 변을 동시에 중시)

귀의 화점에 백△로 다가오면 흑1의 눈목자 행마도 사용됩니다.

　약간 허술하지만 폭을 넓히며 귀에 모양을 갖추고 좌변인 a 방면에도 영향을 주겠다는 뜻이죠.

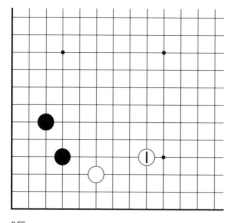

6도

6도 (중앙도 중시할 때)

이 모양에서 백이 1로 두칸 위로 높게 두면 눈목자 행마입니다.

　백의 자세가 4선으로 높은 만큼 변에서 안정하면서 중앙도 중시하고 싶을 때 사용합니다.

'바둑은 모양'이라는 말이 있습니다. 바둑을 잘 두려면 좋은 모양을 만들고 나쁜 모양을 피해야 한다는 뜻입니다. 좋은 모양은 집을 짓는 데 효율적이며 싸우고 버티는 힘도 강합니다. 나쁜 모양은 인위적인 힘으로 집의 효율이 없거나 약점이 있습니다. 이번 테마에서는 초보자의 눈으로 쉽게 이해하도록 좋은 모양과 나쁜 모양을 비교해서 알아봅니다.

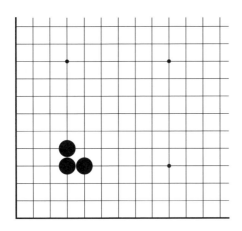

1도

1도 (빈삼각-나쁜 모양의 대명사)

이 모양은 빈삼각입니다. 나쁜 모양의 대명사로 자주 거론되지요.

바둑은 집이 많아야 이기는 게임인데, 빈삼각은 부분적으로 단단하지만 비효율적입니다.

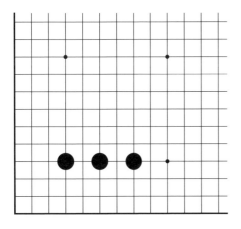

2도

2도 (한칸으로 나열)

이 그림은 빈삼각의 석점을 해체해서 한칸으로 나열한 모양입니다.

이상적인 배열은 아니지만 빈삼각보다야 효율적이죠.

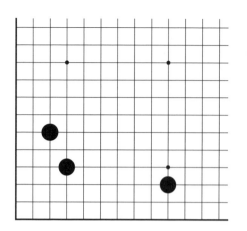

3도

3도 (화점에서 좋은 모양)

이 그림은 화점에서 날일자 행마, 한쪽은 변으로 발전한 모양입니다.

석점을 이렇게 배열하면 집으로 가장 효율적입니다. 짜임새가 있는 아주 좋은 모양이지요.

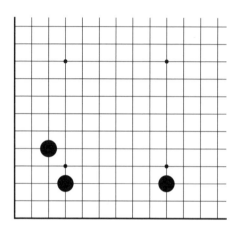

4도

4도 (소목에서 좋은 모양)

이번에는 소목에서 날일자 행마, 그리고 변으로 발전한 모양입니다.

3도와 쌍벽을 이루는 역시 좋은 모양이지요.

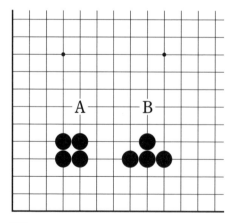

5도

5도 (우형의 대표)

일명 A는 바보형, B는 삿갓형입니다. '1권 사활편'에서 배운 모양의 응용이라 봐도 좋겠습니다. 모두 빈삼각에서 돌 하나가 늘어났습니다.

돌이 뭉쳐진 만큼 빈삼각보다 나쁜 모양이죠. 참고로 돌이 뭉친 모양을 '우형'이라고 합니다. A와 B는 우형의 대표겠지요.

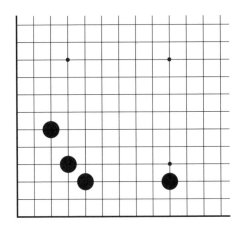

6도

6도 (화점에서 좋은 모양)

흑 넉점을 해체해서 이렇게 배열하면 집으로 가장 효율적입니다.

화점을 기반으로 귀와 변의 짜임새가 높은 아주 좋은 모양이죠.

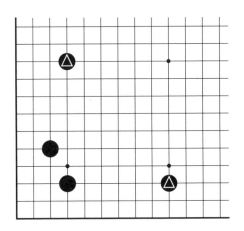

7도

7도 (소목에서 좋은 모양)

소목이 기반이라면 날일자 행마에서 양쪽 변으로 발전한 모양이 아주 효율적입니다. 공간의 폭으로만 보면 6도보다 넓습니다.

참고로 양쪽 흑▲로 발전한 모양을 '양날개'라 합니다.

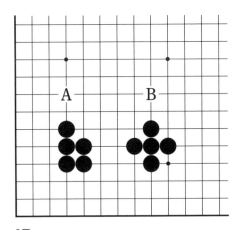

8도

8도 (돌 5개의 나쁜 모양)

A는 자동차형, B는 십자형입니다. 모두 바보형이나 삿갓형에서 돌 하나가 늘어난 모양이죠.

돌이 뭉쳐진 우형이며 바보형과 삿갓형보다 나쁜 모양입니다.

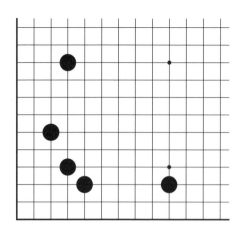

9도

9도 (화점에서 좋은 모양)

흑 5점을 해체해서 이렇게 배열하면 집으로 가장 효율적입니다.

이번에는 화점을 기반으로 양날개를 펼치고 있는 아주 좋은 모양입니다.

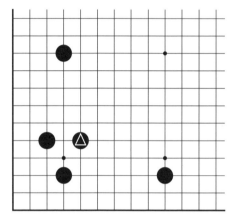

10도

10도 (소목에서 좋은 모양)

이 그림은 소목을 기반으로 7도에서 흑▲로 중앙에 힘을 실은 모양입니다. 이런 귀와 중앙의 합작인 석점 모양을 '토치카'라 부르기도 하지요.

이 토치카는 변의 양날개와 더불어 시너지 효과를 주는 아주 좋은 모양입니다.

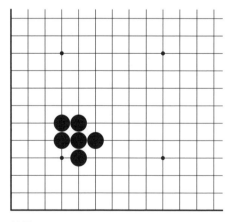

11도

11도 (돌 6개의 나쁜 모양)

이 그림은 '매화형' 또는 '포도송이'라 불러도 좋겠지요.

자동차형이나 십자형에서 돌 하나가 늘어나서 더욱 돌이 뭉쳐진 만큼 극도로 나쁜 모양입니다.

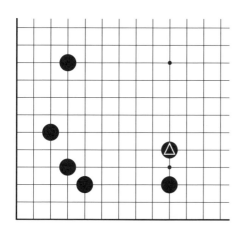

12도

12도 (화점에서 좋은 모양)

흑 6점을 해체해서 화점을 기반으로 이렇게 배열하면 집으로 가장 효율적입니다.

9도에서 흑▲로 중앙에 힘을 실어 공간이 입체적으로 확장되는 아주 좋은 모양입니다.

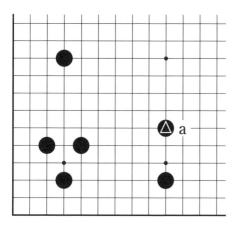

13도

13도 (소목에서 좋은 모양)

소목이 기반이라면 10도에서 흑▲의 두칸으로 중앙에 힘을 싣는 모양도 아주 좋습니다. 때로는 흑▲ 대신 a의 눈목자로 영역을 확장하기도 합니다.

모두 귀의 토치카를 배경으로 중앙의 폭을 더욱 넓히려는 뜻이죠.

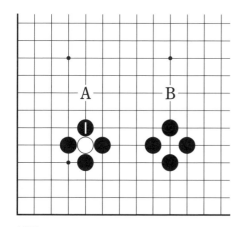

14도

14도 (빵따냄 30집)

A는 흑1로 백 한점을 따내는 모양이고, B는 그 결과입니다. 이를 빵따냄이라 하는데, '빵따냄 30집'이라는 격언도 있듯 아주 강하고 좋은 모양입니다. 실전에서는 자연스럽게 싸우며 A에서 B가 되어야 효력이 있고, 인위적으로 B의 모양을 만들면 가치가 떨어집니다.

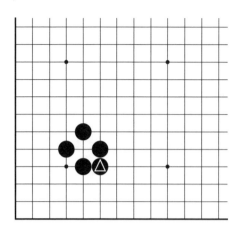

15도

15도 (효력이 떨어진다)

빵따냄이라도 흑▲처럼 군더더기가 붙어있으면 효력이 떨어집니다. 군더더기가 많을수록 모양은 더욱 나빠지죠.

참고로 빵따냄은 중앙으로 향할수록 그 가치가 상승함도 기억하기 바랍니다.

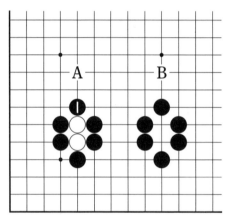

16도

16도 (거북등따냄 60집)

A는 흑1로 백 두점을 따내는 모양이고, B는 그 결과입니다. 이를 '거북등따냄'이라 합니다. '거북등따냄 60집'이라는 격언도 있듯 빵따냄보다 강하고 좋은 모양입니다.

물론 자연스럽게 싸우면서 A에서 B가 되어야지 효력이 있겠지요.

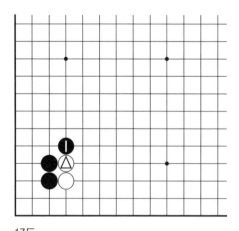

17도

17도 (두점머리)

이 그림에서 백 두점의 ▲는 중앙을 향하고 있는데, 이런 자리를 '두점머리'라 합니다.

이때 흑1로 두점머리를 젖히면, 흑은 강하고 좋은 모양이 되며 백은 약해집니다. "두점머리는 두드려라" 격언도 기억해두세요.

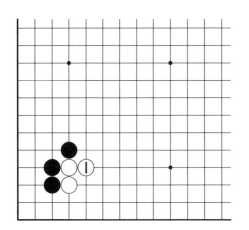

18도

18도 (빈삼각)

이때라도 백은 최선을 다해야 합니다. 백1로 두는 것은 그야말로 빈삼각이죠. 나쁜 모양을 스스로 자초하고 있습니다.

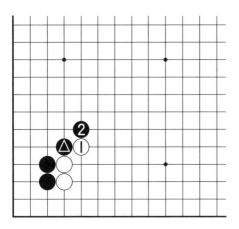

19도

19도 (이단젖힘)

흑▲에 같이 맞서며 백1로 젖히는 것은 힘찬 수법이지만 여기서는 좋지 않습니다. 흑2로 다시 젖히면 흑의 모양이 더욱 좋아집니다.

참고로 흑2로 한번 더 젖히는 행위를 '이단젖힘'이라 합니다. 백1은 이단젖힘을 자초합니다.

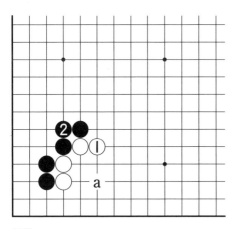

20도

20도 (백은 허술한 모양)

이다음 백1로 늘고 흑2로 이어, 서로 모양을 정리하게 됩니다.

흑은 좌변으로 향한 힘이 강한 모양이 되어 집도 늘어날 공산이 큽니다. 백은 돌이 많아졌을 뿐 a의 공간이 허술한 나쁜 모양입니다.

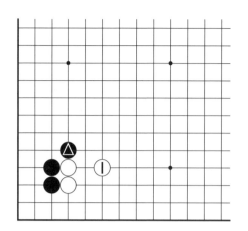

21도

21도 (안정적 한칸 행마)

흑▲에는 이제라도 백1의 한칸 행마가 안정적이며 효율적입니다.

참고로 백1은 '한칸뜀'이라 말합니다. 두칸이면 '두칸뜀'이 되지요.

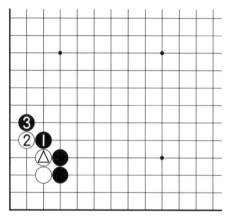

22도

22도 (귀의 경우)

귀에서 나가는 백△는 통상 두점머리를 강조하지 않습니다.

흑1의 젖힘은 두점머리를 두드린다기보다 모양을 형성해가는 과정이죠. 여기서도 백2에는 흑3의 이단젖힘이 가능합니다.

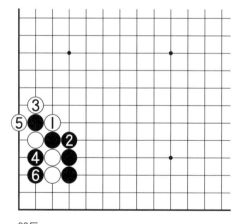

23도

23도 (서로 어울린 모양)

이다음 백1, 3으로 흑 한점을 잡으면 흑4, 6으로 백 두점을 잡습니다.

흑은 귀의 집이 크지만, 백도 비록 가장자리라도 빵따내서 잡고 다음에 먼저 두므로 서로 어울린 모양이라 기억해두면 좋겠습니다.

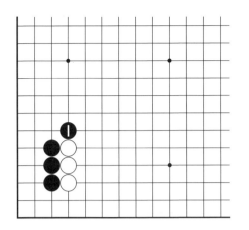

24도

24도 (석점머리)

흑1의 젖힘은 백의 석점머리를 두드린 모양입니다.

이래도 흑은 강한 모양이 되고, 백은 위축되어 나쁜 모양이지요.

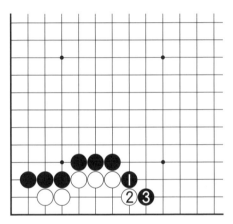

25도

25도 (강력한 이단젖힘)

이 그림에서는 흑이 1, 3의 이단젖힘으로 좋은 모양을 만들 수 있습니다. 강력한 이단젖힘이지요.

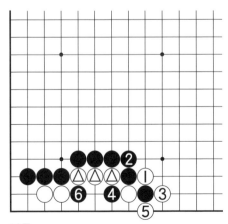

26도

26도 (백의 손실이 크다)

이다음 백1, 3으로 흑 한점을 잡으면 흑4, 6으로 끊어 백△ 석점을 잡을 수 있습니다.

귀의 백 두점도 자연스럽게 잡히니 백의 손실이 너무 크지요.

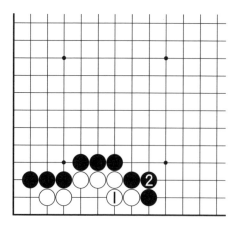

27도

27도 (흑의 모양이 아주 강하다)

25도 다음에 백1로 이으며 안에서 사는 수밖에 없습니다. 흑은 2로 이어서 중앙을 향하며 좋은 모양을 쌓을 수 있습니다.

흑의 모양이 아주 강해서 나중에 많은 집을 만들 가능성이 있습니다. 백은 몇 집으로 겨우 살아가는 나쁜 모양이지요.

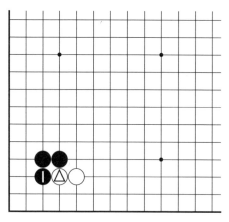

28도

28도 (찬삼각은 좋은 모양)

흑1의 꼬부림은 집으로 아주 좋은 자리입니다. 흑은 좋은 모양이 되었지요. 참고로 나쁜 모양인 빈삼각과 지금 흑의 모양은 완전 다릅니다.

이처럼 백△가 들어있는 흑의 모양을 '찬삼각'이라 부르는데, 자연스럽게 싸우면서 이루어진 좋은 모양으로 기억해두세요.

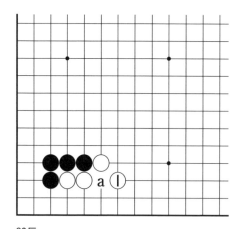

29도

29도 (호구이음)

백1은 '호구이음'이라 합니다. a의 끊기는 곳을 호구이음으로 지키면 좋은 모양이 됩니다.

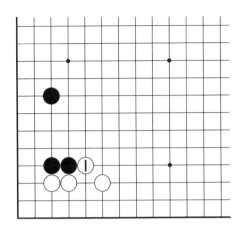

30도

30도 (일석이조의 호구 모양)

백1은 호구 모양이면서 흑의 두점 머리를 두드리고 있습니다.

한 수로 두 가지 이득이 있을 때 '일석이조'라는 말을 사용합니다. 지금처럼 일석이조의 수를 두면 백은 좋은 모양, 흑은 나쁜 모양으로 대조를 이루게 되지요.

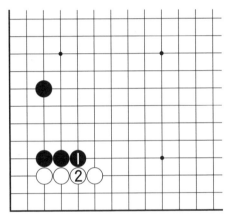

31도

31도 (자연스런 모양)

이곳을 흑이 두면 1로 얼른 늘어야 합니다. 백은 2로 이어서 서로 자연스런 모양이 됩니다.

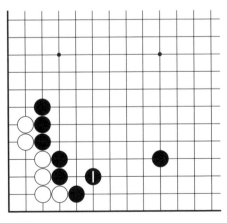

32도

32도 (강하고 좋은 모양)

흑1도 호구이음입니다. 그러면 흑은 중앙에 발전성을 가진 강하고 좋은 모양이 완성됩니다.

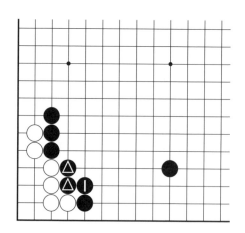

33도

33도 (탄력이 없는 모양)

흑1은 '꽉이음'이라 합니다. 상황에 따라 둘 수 있지만, 지금은 흑● 두 점과 더불어 빈삼각이 됩니다.

이런 모양은 탄력이 떨어져 언제든 백이 활약할 여지를 줍니다. 물론 흑은 나쁜 모양이지요.

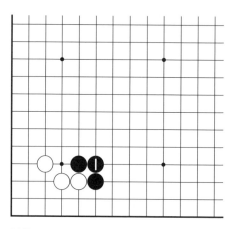

34도

34도 (꽉 잇는 경우)

이런 모양에서는 흑1로 꽉 이을 수 있습니다. 흑1은 찬삼각이며 단단한 모양이 됩니다.

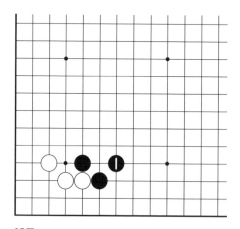

35도

35도 (호구로 잇는 경우)

이 모양에서도 물론 흑1의 호구이음이 가능합니다. 그러면 탄력적인 모양이 된다고 기억해두세요.

34도와 35도는 서로 다른 특징이 있지만 좋은 모양의 예입니다.

좋은 모양과 나쁜 모양을 익혔다면, 이제 좋은 행마와 나쁜 행마도 어렴풋이 이해하겠지요. 한마디로 좋은 모양을 만들어가는 과정이 좋은 행마입니다. 바둑은 서로 좋은 자리를 선점하려는 싸움이 치열하므로 최상은 아니더라도 상황에 따른 좋은 행마 또한 중요합니다. 이번 테마에서는 초보자가 꼭 기억해둘 좋은 행마와 나쁜행마에 대해 알아봅니다.

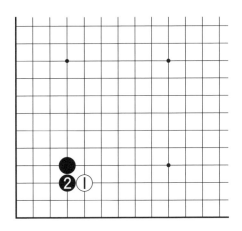

1도

1도 (너무 가까우면 나쁜 행마)

귀의 화점은 바둑에서 가장 많이 두는 자리입니다.

이때 백1로 너무 가까이 다가서는 것은 나쁜 행마입니다. 그러면 흑2로 막아서 백이 타격을 입지요.

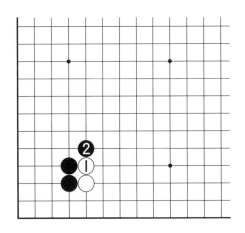

2도

2도 (두점머리를 두드린다)

이다음 백1로 연결해도 두점머리입니다. 흑2로 두점머리를 두드리면 앞에서 배운 대로 흑은 좋은 모양, 백은 나쁜 모양이 됩니다.

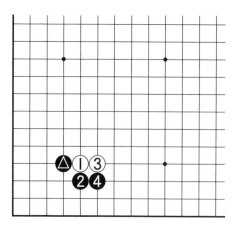

3도

3도 (과격한 행마)

화점에 처음부터 백1의 붙임도 과
격한 행마입니다. 흑2로 젖히면서
활로를 막으면 백이 답답한 모양이
됩니다.

다음 백3에 흑4로 서로 연결한다
해도 흑△가 백의 두점머리를 두드
리는 좋은 모양이 되니 백1, 3은 나
쁜 행마가 되지요.

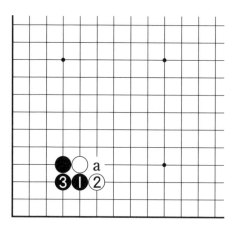

4도

4도 (흑이 리드하는 싸움)

흑1로 젖힐 때 백2로 젖히며 버티
는 것이 능동적인 행마이지만, 흑이
먼저 3의 약점을 잇고 a의 끊음을
노리면서 두면 좋은 모양으로 싸움
을 리드할 수 있습니다.

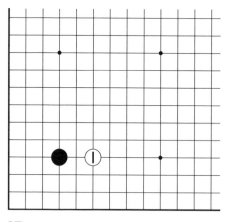

5도

5도 (한칸으로 다가선 경우)

이번에는 백1로 화점에 한칸 모양
으로 다가섰습니다.

이후의 가장 보편적인 변화를 알
아보겠습니다.

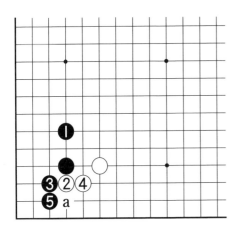

6도

6도 (흑집의 규모가 크다)

흑1은 모양을 갖추는 한칸 행마이고 백2, 4로 붙이고 연결하는 것은 귀에 파고들 때 자주 사용하는 수순입니다. 참고로 자주 사용하는 수순을 '상용 수순'이라 하지요.

흑5로 내려서는 수는 귀의 집을 확대하는 큰 자리입니다. 이 결과는 귀를 점유한 흑집의 규모가 큽니다. 백은 a쪽이 열려있어 집짓기가 수월하지 않지요. 그래서 5도처럼 화점에 한칸으로 다가서는 수는 나쁜 행마로 생각해도 무방합니다.

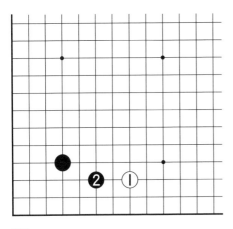

7도

7도 (너무 멀다)

이번에는 화점에 세칸이나 멀리서 다가선 모양입니다.

그러면 흑2의 날일자 행마로 지켜 귀의 집이 커질 테지요. 즉 백1도 나쁜 행마입니다.

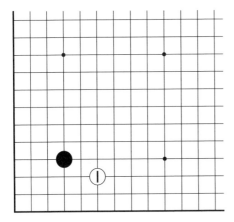

8도

8도 (날일자로 다가서는 것이 적합)

화점에는 백1의 날일자 모양으로 다가서는 것이 가장 적합하며 좋은 행마입니다.

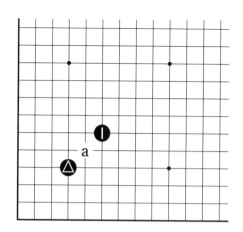

9도

9도 (밭전자 행마)

흑▲에서 흑1에 두면 '밭전자 행마'
라고 합니다. 두 돌의 관계가 한자
의 '밭 전(田)'과 같은 모양이지요.

밭전자 행마는 a에 끊어지는 약
점이 있으므로 통상 나쁜 행마로
간주합니다.

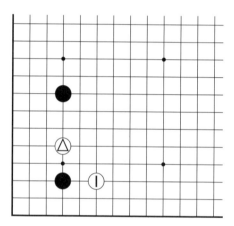

10도

10도 (공격을 받는 장면에서)

이 그림은 소목에서 파생된 변화인
데 백△가 공격을 받는 장면입니다.

이때 백1은 △에서 밭전자 행마
입니다. 그러면 어떤 결과가 발생할
까요?

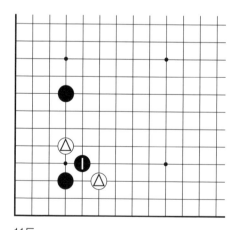

11도

11도 (싸우기가 힘들다)

흑이 1로 가르고 나가면 백△ 두점
이 끊어집니다.

그러면 양쪽 백이 모두 약해져서
이후 싸우기가 힘들겠지요. 이와 같
은 밭전자 행마는 나쁜 행마로 기
억해두세요.

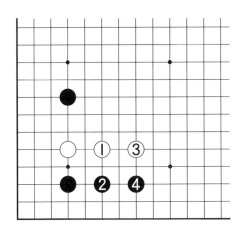

12도

12도 (자연스러운 행마)
이처럼 협공받는 장면에서는 백도 1의 한칸 행마로 진출하는 것이 무난합니다.

서로 4까지 한칸 행마로 동행하며 싸우는 모양이 자연스럽지요.

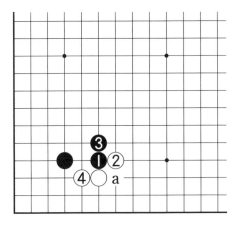

13도

13도 (붙여뻗기 모양에서)
"붙이면 젖혀라" "젖히면 뻗어라" 모두 바둑격언이면서 행마의 원리입니다. 흑1에는 백2, 백2에는 흑3, 모두 원리대로 두는 자연스런 행마입니다. 흑1, 3은 특히 '붙여뻗기' 또는 '붙여늘기'라 부르지요.

백4는 근거를 마련하면서 a의 약점도 방어하는 자리인데 다음 흑은 어디에 두어야 할까요?

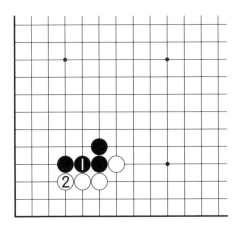

14도

14도 (흑, 중복된 모양)
흑1로 위에서 잇는 것은 나쁜 행마입니다. 그러면 백은 2로 파고들며 귀의 집을 장악합니다.

흑은 빈삼각을 포함하며 중복된 모양이라 실속이 없습니다.

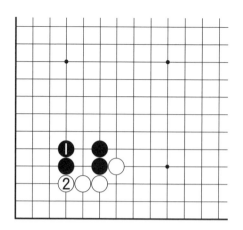

15도

15도 (쌍립이음의 경우)

13도에 이어서, 흑1은 쌍립이음입니다. 14도보다야 효율적이지만 백2로 들어가면 역시 흑은 실속이 없습니다.

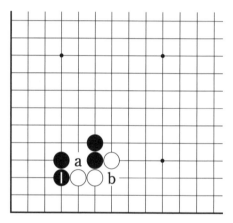

16도

16도 (귀의 집을 지키는 행마)

여기는 흑1의 쌍점으로 막는 것이 급선무이며 좋은 행마입니다. 그래야 귀의 집을 지킬 수 있습니다.

이때 백은 a의 약점을 노리기 어려운데, 자신도 b의 약점이 있기 때문이죠.

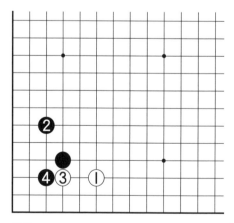

17도

17도 (자연스런 행마)

화점에 백1로 다가서면 흑2의 날일자 행마는 귀에서 많이 두는 무난한 수비입니다.

다음에 귀로 파고들며 백3에 붙이면 흑4로 젖히는 것이 귀를 확보하기 위한 당연한 행마입니다. 여기까지는 서로 자연스런 행마인데~

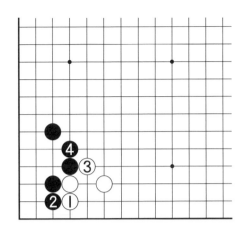

18도

18도 (실속이 없는 호구 모양)

이때 백1로 내려서서 연결하는 것은 나쁜 행마입니다. 흑은 2로 막아 귀의 집을 착실히 지킬 수 있지요.

백은 3이 호구이지만 지금은 실속이 없는 모양이고, 흑은 4로 늘어 집의 영역을 완성합니다.

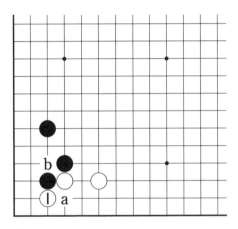

19도

19도 (젖혀서 버틴다)

17도 다음 백은 1로 젖히는 것이 좋은 행마입니다.

물론 a로 끊어지는 약점이 있지만, 흑도 b의 약점이 있어 버틸 수 있다는 생각으로 임해야 합니다.

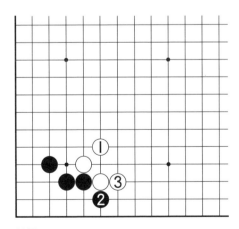

20도

20도 (방향이 틀린 호구이음)

이 그림에서 백1은 호구이음이지만 흑2에 젖히면 백3에 늘어야 하니 백의 모양에 버티는 힘이 없고 실속도 없습니다.

백1은 호구의 방향이 틀려 나쁜 행마입니다.

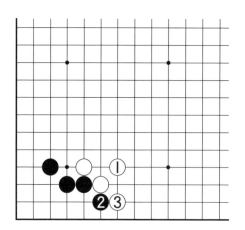

21도

21도 (좋은 호구이음)

여기는 백1의 호구이음이 좋은 행마입니다.

그래야 흑2에 백3으로 막을 수 있어 힘이 생깁니다.

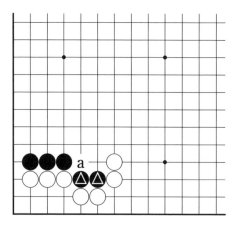

22도

22도 (가장 효율적인 이음은?)

이 모양에서 백a로 끊으면 흑▲ 두 점이 잡힙니다.

따라서 흑은 살려야 하는데, 어떻게 잇는 것이 가장 효율적인지 생각해보세요.

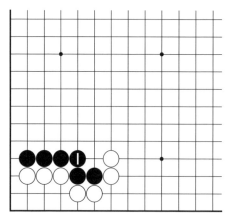

23도

23도 (고지식한 이음)

흑1로 꽉 잇는 것은 고지식해서 생동감이 없습니다.

모양도 빈삼각이라 나쁘지요. 다른 행마를 찾아보세요.

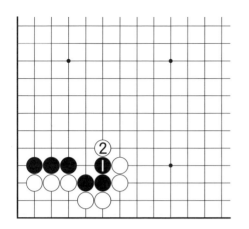

24도

24도 (단수를 얻어맞는다)

흑1도 빈삼각이며 당장 백2의 단수를 얻어맞습니다. 흑이 더욱 나쁜 행마입니다.

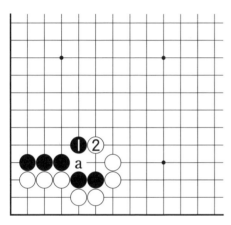

25도

25도 (환격 모양)

흑1의 이음은 호구 같지만 원조 호구이음과는 주변 모양이 다릅니다.

백이 2로 붙이면 다음 a가 환격이 됩니다. 역시 흑은 아주 나쁜 모양이 되었습니다.

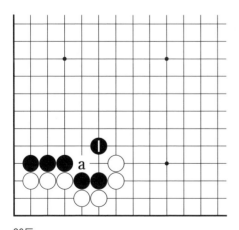

26도

26도 (한칸의 좋은 행마)

흑은 1로 한칸 뛰는 것이 좋은 행마입니다.

보기에도 산뜻하며 a의 약점을 효율적으로 지킬 수 있습니다.

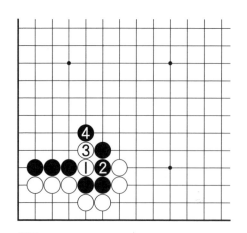

27도

27도 (끊으면 축)

이다음 백은 1로 끊을 수 없습니다. 흑2의 단수에 백3으로 달아나도 흑 4면 연단수가 되며 백 두점이 축으로 잡히는 모습이지요.

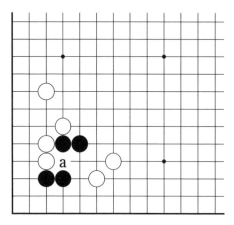

28도

28도 (약점을 지키는 방법은?)

이 모양에서 흑은 a의 약점을 어떻게 지켜야 할까요?

　여기를 방치하면 당장 백a로 흑이 끊어집니다.

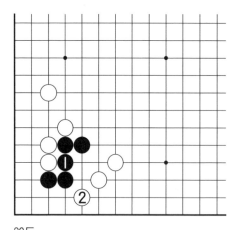

29도

29도 (나쁜 행마 – 꽉이음)

흑1로 꽉 잇는 것은 위에 빈삼각이 생겨 나쁜 모양입니다.

　백은 2로 공격하기만 해도 흑 전체가 미생마가 되지요. 참고로 '미생마'란 아직 살지 못한 돌을 뜻하는데 '곤마'라고도 합니다.

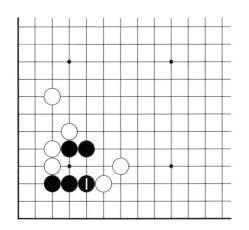

30도

30도 (좋은 행마-쌍립이음)

흑은 1의 쌍립이음이 좋은 행마입니다. 동시에 귀의 집도 지킬 수 있습니다.

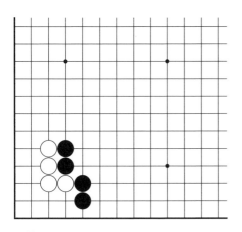

31도

31도 (좋은 행마를 하려면?)

이 모양에서 서로 어디를 두어야 좋은 행마가 될까요?

흑과 백의 경우, 각각 두 수씩 생각해보세요.

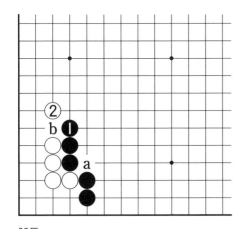

32도

32도 (늘고 뛴다)

흑의 경우 1로 늘어가는 것이 좋은 행마입니다. 그래야 모양을 키울 수 있습니다.

이때 백은 2로 한칸 뛰어 변에 진출하는 것이 모양을 갖추는 효율적 행마입니다. 서로 a와 b는 끊어질 염려가 없습니다.

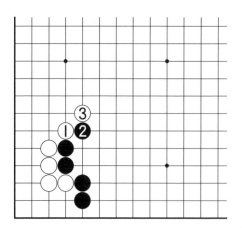

33도

33도 (두점머리를 두드린다)

백의 경우 1로 두점머리를 두드리는 것이 좋은 행마입니다. 그러면 백의 모양이 커지고 흑의 모양이 대번에 위축됩니다.

이때 흑2로 젖히면 백3의 이단젖힘으로 백의 모양이 더욱 커지니까 흑2는 아주 나쁜 행마입니다.

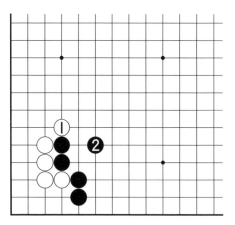

34도

34도 (탄력적인 한칸뜀)

백1로 젖힐 때 흑은 이제라도 2로 한칸 뛰어 탄력적인 모양을 갖추는 것이 좋은 행마입니다. 26도와 같은 맥락으로 보면 되겠지요.

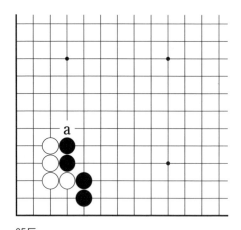

35도

35도 (행마의 급소)

다시 처음 모양으로 돌아왔지만, a 자리는 서로 놓칠 수 없는 행마의 급소임을 확인했지요.

참고로 '급소'란 아주 중요한 자리를 말합니다.

바둑을 두다보면 싸움이 벌어지고 선택의 갈림길에서 고민하는 일이 많습니다. 이때 중요한 돌과 쓸모없는 돌을 구분할 수 있어야 올바른 선택이 이루어집니다. 중요한 돌은 '요석'이라 하고, 쓸모없는 돌은 '폐석'이라 부릅니다. 요석은 살려야 하고 폐석은 버려도 됩니다. 이번 테마에서는 요석과 폐석을 어떻게 구별해서 당면 문제를 풀어가는지 알아봅니다.

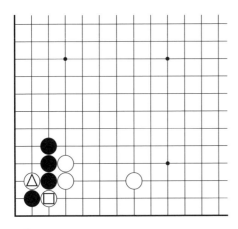

1도

1도 (어느 돌을 단수쳐야 할까?)

이 장면에서 흑은 단수칠 수 있는 돌이 백△와 □입니다.

과연 어느 돌을 단수쳐야 하는지 생각해보세요.

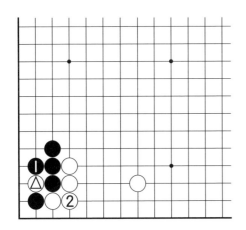

2도

2도 (한점만 잡을 뿐)

흑1로 단수치면 왼쪽 백△를 잡을 뿐입니다.

백은 2로 이으면서 하변 모양이 크게 안정합니다. 흑의 잘못된 선택이지요.

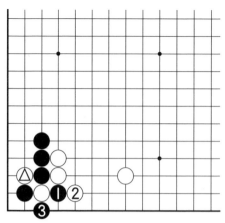

3도

3도 (요석을 잡은 결과)

흑은 1, 3으로 백 한점을 따내는 것이 올바른 선택입니다. 그러면 백△는 자동적으로 죽는 모습이지요. 흑이 요석을 잡으면 이런 부가 소득을 올릴 수 있습니다.

그러고 보면 백△는 폐석에 불과합니다. 2도는 폐석을 잡았으니 흑의 손해였습니다.

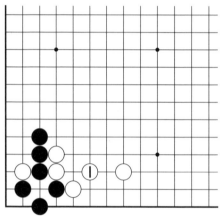

4도

4도 (백의 모양도 축소)

이다음 백은 1로 또 지켜야 합니다. 그러면 백의 모양도 축소되지요.

2도와 비교하면 그 차이를 실감할 수 있습니다.

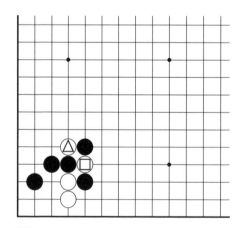

5도

5도 (어느 돌을 잡아야 할까?)

이 모양에서 흑은 어느 돌을 잡아야 할까요?

우선 백△와 □를 놓고 요석과 폐석을 구분해야 합니다.

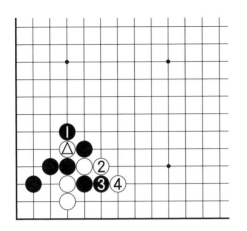

6도

6도 (폐석을 잡는 경우)

흑1의 축으로 백△를 잡으면 백2로 나갑니다. 흑3에 움직이면 백4로 젖혀 아래 흑 두점이 위험합니다.

결국 흑이 폐석을 잡는 사이 하변은 백의 수중에 들어가지요.

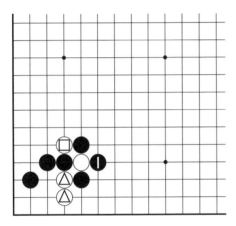

7도

7도 (요석을 잡는 경우)

이번에는 흑1로 백 한점을 따내볼까요. 그러면 백△ 두점도 자동적으로 죽는 모습입니다. 위의 백□도 강한 돌에 붙어 파리 목숨에 불과하지요.

흑이 요석을 잡으면 이런 큰 성과를 거둡니다.

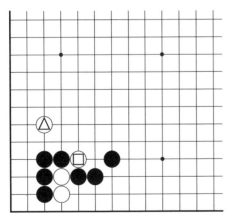

8도

8도 (어떻게 두면 좋을까?)

지금 백△와 □ 가운데 요석과 폐석을 구분해보세요.

그런 다음 백은 이 부근에서 어떻게 두면 좋을지 생각해보세요.

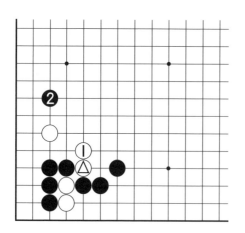

9도

9도 (폐석을 움직이는 경우)

백1로 △를 살리면 흑2로 백 전체가 공격을 받습니다.

백은 전체가 미생마가 되어 손실만 커지죠. 백이 폐석을 움직였기 때문입니다.

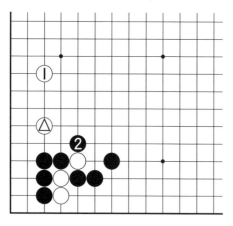

10도

10도 (요석을 움직여 안정)

백은 1의 두칸 행마로 △를 안정시키는 것이 현명합니다.

흑2로 백 한점을 잡아봤자 몇 집에 불과합니다. 백△가 요석이었습니다.

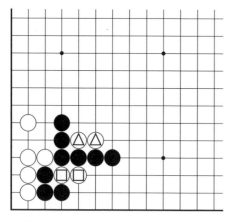

11도

11도 (어느 돌을 잡아야 할까?)

이 모양에서 백△와 □ 가운데 요석과 폐석을 구분해보세요.

그런 다음 흑은 어느 돌을 잡아야 할지 생각해보세요.

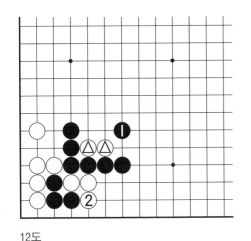

12도

12도 (폐석을 잡는 경우)

흑1이면 장문으로 백△ 두점을 잡을 수 있지만 크기가 작습니다. 백은 2로 흑 석점을 잡고 만족합니다.

바둑에서 작은 것을 탐하다가 큰 손실을 입을 때 '소탐대실'이라 하는데 바로 이런 경우이죠. 흑이 폐석을 잡았기 때문입니다.

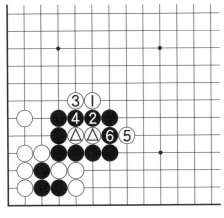

13도

13도 (4집에 불과)

중앙은 후일 백이 1부터 견제해서 흑이 6까지 백△ 두점을 잡아봐야 4집에 불과합니다.

흑의 강한 모양을 이런 식으로 사용하면 바둑에서 이길 수 없죠.

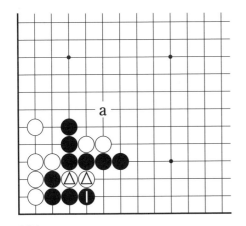

14도

14도 (요석을 잡는 경우)

흑은 1로 아래쪽 백△ 두점을 잡아야 큰 이득을 얻습니다.

중앙 백 두점은 a로 달아난들 미생마에 불과하지요. 그러면 흑의 강한 돌이 힘을 발휘합니다. 결국 백△가 요석이었습니다.

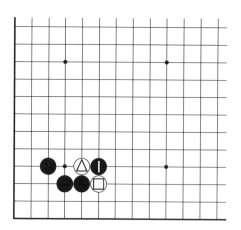

15도

15도 (백의 대처법은?)

흑1로 끊은 장면입니다. 백은 어떻게 대처해야 할까요?

우선 백△와 □를 놓고 요석과 폐석을 구분해야 합니다.

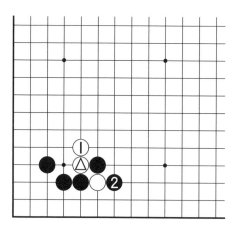

16도

16도 (폐석을 움직이는 경우)

백1로 움직이면 흑2로 하변 백 한 점을 잡습니다.

그러면 백의 손실이 크며 중앙 백은 미생마에 불과합니다. 백이 폐석인 △를 움직였기 때문이죠.

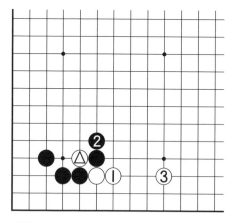

17도

17도 (요석을 움직여 안정)

백은 1로 늘고 흑2로 축을 피할 때 백3의 두칸 행마로 하변에 안정하는 것이 현명합니다.

백△는 잡혀봐야 폐석에 불과합니다. 하변 백이 요석이었습니다.

테마❶   바둑은 귀에서부터 변, 중앙으로 발전한다. 귀에서 출발하는 이유는 집을 짓는 데 가장 효율적이기 때문이다. 귀라고 해도 구상에 따라 많이 두는 자리가 있다. 화점은 귀를 한 수로 처리하면서 변의 발전성을 추구할 때 사용한다. 소목은 귀의 집을 짓는 데 안정감이 있다. 보통 화점과 소목은 균형감이 있어 가장 많이 사용한다. 3三은 한 수로 가장 확실한 집을 짓는 데 사용한다. 외목과 고목은 집보다는 싸우는 데 목적을 둔다.

테마❷   행마란 돌의 움직임이다. 행마의 기본은 돌과 돌의 관계에 있다. 쌍점 행마와 마늘모 행마는 아주 튼튼해 힘은 있지만 집의 효율이 약하다. 한칸 행마와 날일자 행마는 힘이 덜하지만 집의 효율이 높아진다. 한칸 행마는 단단하고 날일자 행마는 탄력적이다. 두칸 행마와 눈목자 행마는 약점이 있지만 속도감이 높다. 두칸 행마는 변과 중앙으로 발전하는 데 효율적이다. 눈목자 행마는 귀와 변을 동시에 중시할 때 효율적이다.

테마❸   좋은 모양은 집을 짓는 데 효율적이며 버티는 힘도 강하다. 나쁜 모양은 인위적인 힘으로 집의 효율이 없거나 약점이 있다. 빈삼각은 나쁜 모양의 대명사이다. 싸우면서 자연스럽게 형성된 빵따냄은 강하고 좋은 모양이다. 두점머리를 두드리면 강하고 좋은 모양이 된다. 귀에서 찬삼각의 꼬부림은 좋은 모양이다. 변을 지키는 호구이음은 좋은 모양이다. 호구로 두점머리를 두드리면 일석이조의 좋은 모양이다. 보통 꽉이음은 단단한 모양이며, 호구이음은 탄력적인 모양이다.

테마❹   좋은 행마는 좋은 모양을 만들어가는 과정이다. 귀의 화점에는 날일자로 다가서는 것이 가장 좋은 행마이다. 밭전자 행마는 통상 나쁜 행마로 간주한다. 상대가 가운데를 가르고 나오면 양쪽으로 갈라져 고달픈 모습이기 때문이다. 호구이음도 방향이 틀리면 나쁜 행마가 된다. 끊기는 약점을 지킬 때는 고지식한 행마보다 산뜻한 행마가 효율적이다. 이 경우 한칸 뛰거나 쌍립이음이 좋은 행마일 경우가 많다.

테마❺   중요한 돌은 요석이라 하고, 쓸모없는 돌은 폐석이라 한다. 요석은 살려야 하고 폐석은 버려도 된다. 문제를 풀어가려면 우선 요석과 폐석을 구분한 다음 요석을 살리거나 움직여야 한다. 폐석을 움직이면 전체가 미생마가 되어 손실만 커진다. 반대로 상대의 폐석을 잡으면 소탐대실의 결과가 생긴다.

① 소목: 흑△(또는 a)

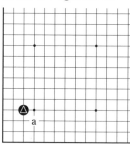

② 3三: 흑△

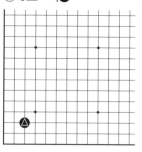

③ 두칸 행마: 흑1

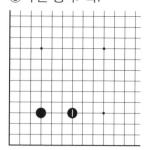

④ 눈목자 행마: 흑1

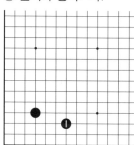

⑤ 우형

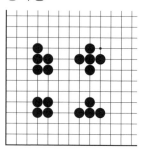

⑥ 포도송이: 극단적 우형

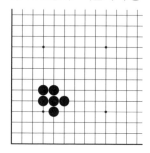

⑦ 이단젖힘: 흑1, 3

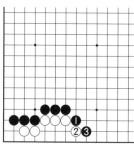

⑧ 붙여뻗기: 흑1, 3

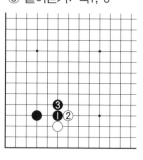

⑨ 효율적 이음: 한칸(흑1)

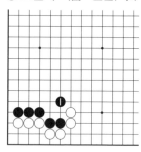

⑩ 효율적 이음: 쌍립(흑1)

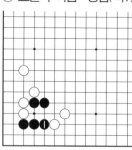

⑪ 요석: 백△

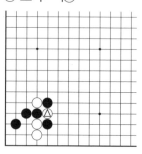

⑫ 폐석: 백△

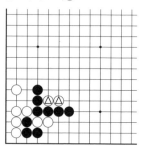

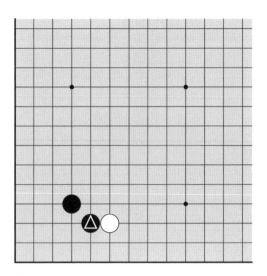

문제 1

▦ 문제 1

이 모양에서 흑▲로 붙이면 백은 어떻게 두어야 할까요?

돌의 힘이 강해지는 방향으로 움직이는 것이 행마의 요령입니다.

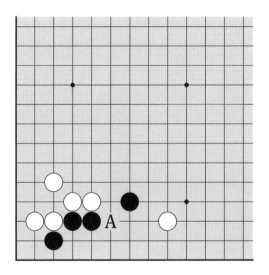

문제 2

▦ 문제 2

서로 접전이 벌어지고 있는데 흑이 불리한 상황입니다. 지금이라도 흑은 모양을 정비해야 하는데 어떻게 수비해야 가장 효율적 행마일까요?

단순히 A로 연결하면 근거가 약해 나쁜 행마입니다.

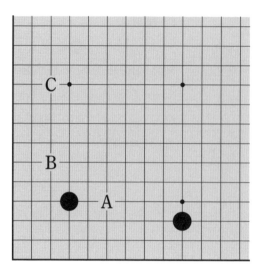

문제 3

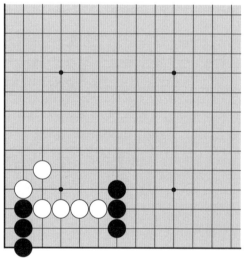

문제 4

▦ 문제 3

이 장면에서 흑이 귀의 화점에서 형성된 모양을 입체적으로 펼친다면 어느 자리가 가장 효율적 행마일까요?

A∼C 가운데에서 선택해 보세요.

▦ 문제 4

귀와 변의 흑이 보기에도 멀리 떨어져 있습니다. 귀의 흑 석점이 살려면 변과 연결해야 합니다. 과연 연결이 가능할까요?

사이에 도열해있는 장애물을 피해서 건너가보세요.

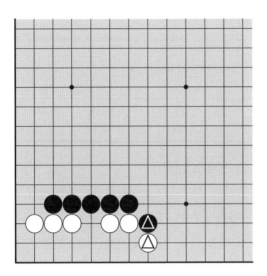

문제 5

▦ 문제 5

지금 흑▲로 젖힐 때 백△로 같이 젖힌 장면입니다. 여기서 흑은 어떻게 정리하는 것이 가장 효율적 행마일까요?

　가장 좋은 모양을 만들어 보세요.

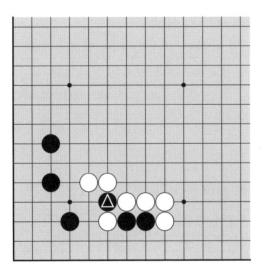

문제 6

▦ 문제 6

이 그림은 흑▲가 단수에 몰려있는 장면입니다. 여기서 흑은 어떻게 정리하는 것이 가장 효율적 행마일까요?

　이때 요석과 폐석을 구분할 수 있어야 합니다.

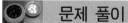

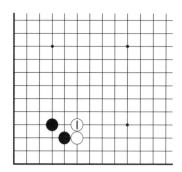

▦ 문제 1 (정답)

백1로 올라서야 돌의 힘이 강해집니다. 흑이 두면 호구가 되는 자리입니다. 모양으로는 쌍점 행마이지요.

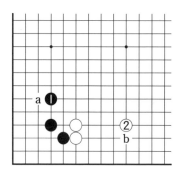

▦ 문제 1 (참고)

그러면 흑은 1(또는 a)에 두고, 백은 2(또는 b)에 두는 것이 이후의 모범적인 행마입니다. 이때 높고 낮은 선택의 기준은 높으면 발전성, 낮으면 안정성이라 생각해도 좋겠습니다.

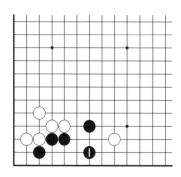

▦ 문제 2 (정답)

흑1로 두는 것이 안성맞춤입니다. 그러면 근거도 생기며 탄력적 모양이 됩니다.

위의 한점에서 보면 한칸 행마에 해당되지요.

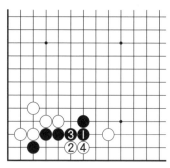

▦ 문제 2 (오답 1)

흑1의 쌍점 행마는 단순한 연결보다야 조금 낫겠지만 그래도 뻣뻣합니다.

백2로 급소에 치중하고 4로 건너가면 흑 전체가 미생마 신세가 되지요.

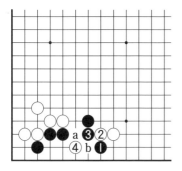

▦ 문제 2 (오답 2)

흑1의 날일자 행마는 보기에도 적극적이
지만 치명적 약점이 있습니다.

　백2로 들어가서 4에 치중하면 a와 b가
맞보기로 흑이 곤란한 모습입니다.

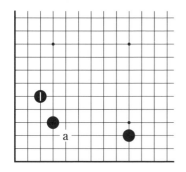

▦ 문제 3 (정답)

흑1의 날일자가 귀를 살리면서 모양을 넓
히는 효율적 행마입니다.

　나중에 기회가 생겨 a의 마늘모로 지키
면 완벽한 모양이 되지요.

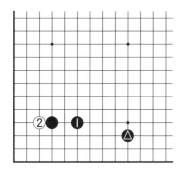

▦ 문제 3 (오답 1)

흑1의 한칸은 ▲와 어울려 하변만 생각하
면 완벽하지만 평면적인 행마입니다.

　백은 2로 붙이든가 해서 흑집을 축소시
키며 둥지를 틀겠지요. 흑이 먼저 귀를 지
키더라도 전체 공간이 협소합니다.

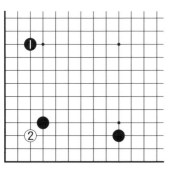

▦ 문제 3 (오답 2)

흑1로 모양을 넓게 펼치면 공간만으로 보
면 가장 입체적이지만 귀가 약한 모습입
니다.

　백2로 3三에 침입하면 실속을 빼앗겨
허장성세가 되지요.

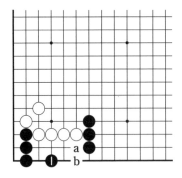

▦ 문제 4 (정답)

흑1로 두는 것이 교묘한 연결 수단입니다. 왼쪽에서는 한칸, 오른쪽에서는 눈목자 행마에 해당하지요.

그러면 백이 끊을 레야 끊을 수 없습니다. 백a면 흑b로 건너가는 모습이지요.

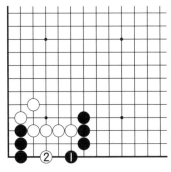

▦ 문제 4 (오답 1)

적당한 거리에서는 흑1의 마늘모 행마가 유용하지만 지금은 거리가 너무 떨어져 있습니다. 백2로 차단하면 건너갈 수 없는 모습이지요.

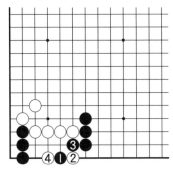

▦ 문제 4 (오답 2)

흑1의 날일자는 허술한 행마입니다. 백2로 건너붙이고 4로 또 단수치며 양쪽에서 붙이면 차단할 수 있지요.

보통 백2처럼 날일자의 안쪽을 붙이는 모양을 '건너붙임'이라 합니다.

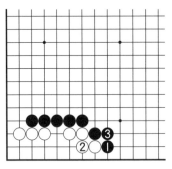

▦ 문제 5 (정답)

흑1로 젖히는 것이 효율적인 행마입니다. 그러면 백2로 이을 때 흑도 3에 이으며 강하고 좋은 모양이 형성됩니다. 흑1은 강력한 이단젖힘이었습니다.

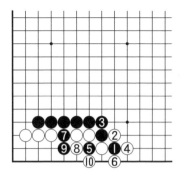

▦ 문제 5 (참고)

흑1로 젖힐 때 백2, 4로 한점을 잡으면 흑 5, 7로 단수치며 9까지 귀가 뚫립니다. 그러면 백의 손실이 크지요.

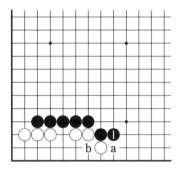

▦ 문제 5 (오답)

흑1로 늘면 백이 a에 밀든지 이대로 손을 빼더라도 변의 뒷문이 열려있어 흑은 개운하지 않습니다.

나중에 흑a로 막더라도 백이 b로 이어 준다는 보장도 없겠지요.

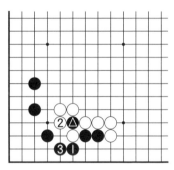

▦ 문제 6 (정답)

흑1로 단수치고 3으로 귀에 건너가는 것이 좋은 행마입니다. 이때 흑▲ 한점은 폐석에 불과합니다.

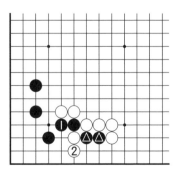

▦ 문제 6 (오답)

흑1로 한점을 살리면 백2로 흑 두점이 잡힙니다.

폐석을 살리고 보니 귀도 약해진 모습이지요. 흑▲ 두점이 요석이었습니다.

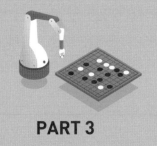

PART 3

초반 운영을
잘하기 위한
행마의 활용

바둑은 판에 돌을 놓으며 나의 생각을 자유롭게 표현합니다. 이때 초반 행마의 방향을 선택하고 결과를 판단하기 위해서는 근거가 되는 지식이 필요합니다. 이번 테마에서는 그런 판단의 근거 중 하나인 '실리'와 '세력'에 대해 귀에서 많이 나오는 변화를 통해 알아봅니다.

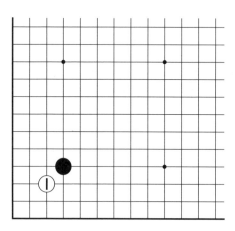

1도

1도 (화점에 3三침입)

귀의 4선과 4선이 만나는 화점은 자세가 높은 만큼 변으로의 발전 가능성이 강합니다.

대신 귀의 수비가 약해서 언제든 백은 1의 3三침입을 강행할 수 있습니다.

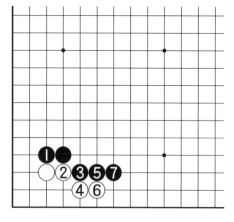

2도

2도 (백 실리와 흑 세력)

그러면 흑1로 막고 백2로 밀어 나가는 수순이 자연스러우며, 다음 흑3에 젖히면 7까지 기억해둘 행마입니다. 이 결과 백은 귀에서 집을 얻으며 안정했고, 흑은 바깥에 모양을 쌓았습니다. 이런 경우 백은 '실리', 흑은 '세력'이라고 표현합니다.

실리는 집으로 환산이 가능하며, 세력은 당장 집은 아니지만 나중에 집이 될 공산이 큽니다.

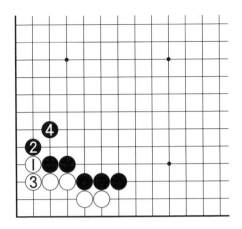

3도

3도 (세력이 더욱 강해진다)

2도는 실리와 세력이 조화로운 결과입니다. 그런데 백1로 젖힌 후 3에 이으면 흑은 4의 호구 모양을 갖춥니다. 백은 실리가 조금 늘지만, 흑은 세력이 더욱 강해집니다. 이럴 때 흑의 세력이 백의 실리보다 좋다고 말하죠.

참고로 백1, 3의 연속 동작을 '젖혀이음'이라 합니다.

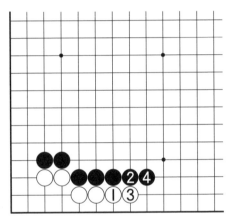

4도

4도 (2선은 패망선)

2도 다음에 백은 1, 3으로 2선을 계속 밀었습니다. 그러면 흑은 4까지 늘어두는 것이 자연스런 행마입니다. 이래도 백은 실리가 조금 늘고 흑은 세력이 더욱 강해집니다.

역시 흑의 세력이 백의 실리보다 나은 결과이죠. 바둑격언에 '2선은 패망선'이라고 했지요. 이유 없이 2선을 밀지 말라는 뜻이기도 합니다.

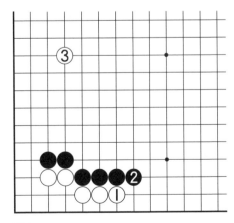

5도

5도 (세력 견제가 우선)

백은 실리를 더욱 탐할 것이 아니라 흑의 세력을 견제하는 것이 우선입니다. 이런 모양에서는 백1로 한번만 밀어서 귀를 확실히 안정한 후 3으로 멀리서 흑의 세력을 견제하는 것이 행마의 요령입니다.

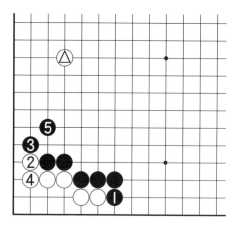

6도

6도 (찬삼각의 좋은 자리)

백이 하변을 밀지 않고 △에 두면 흑1로 막는 것이 찬삼각의 좋은 자리입니다.

그러면 백2, 4의 젖혀이음으로 살아야 할 때 흑5의 호구 모양으로 자연스럽게 세력이 강화되며 멀지만 백△도 약해질 염려가 생기죠.

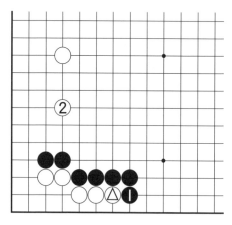

7도

7도 (세력이 빛을 잃는다)

백이 하변을 △로 밀어둔 상황이라면 흑1의 막음에 대해 백이 귀에서 손을 빼도 염려 없습니다. 오히려 좌변에서 백2의 두칸 행마로 다가서면 흑의 세력이 빛을 잃습니다.

참고로 상대가 둔 수에 대응하지 않고 다른 곳에 두는 행위를 '손을 빼다'고 합니다.

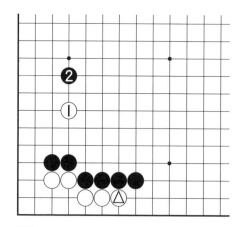

8도

8도 (배후에서 공격)

백이 기껏 △로 밀어놓고, 백1로 흑의 세력에 가까이 다가서는 것은 모험입니다.

그러면 흑2로 배후에서 공격을 받아 백이 고달프죠. 이때 흑2와 같은 행동을 '협공'이라 합니다.

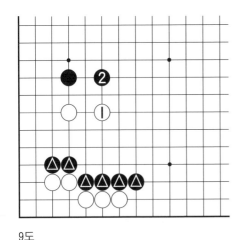

9도

9도 (세력을 이용한 공격)

이다음 백1로 뛰어 달아나면 흑2로 같이 동행하며 추격합니다. 이때 흑 ▲들의 세력이 위력을 발휘하며 백의 미생마를 위협하지요.

세력은 당장의 집보다 공격으로 이용하면 효율적이며 다른 데서 많은 이득을 취할 수 있습니다.

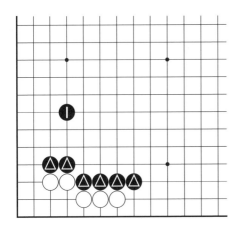

10도

10도 (중복)

이 모양에서 흑이 먼저 둔다면 1의 두칸 행마로는 불만입니다. 그러면 흑▲들의 세력을 살리지 못해 중복된 모양입니다.

바둑에서 중복은 효율이 떨어져 나쁜 모양에 해당하지요. 세력을 당장 집으로 만들려는 생각을 버려야 합니다.

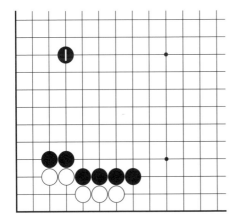

11도

11도 (세력을 살리는 행마)

흑이 세력을 살리자면 1로 멀리 발전하는 행마가 효과가 있습니다.

그래야 영토를 크게 차지할 가능성이 생깁니다.

행마의 방향을 선택하고 결과를 판단하는 근거의 하나로 실리와 세력에 대해 배웠습니다. 이번 테마에서는 또 하나의 판단 근거인 '선수'와 '후수'에 대해 알아봅니다. 특히 과제를 해결하는 데 선수가 어떻게 작용하는지도 살펴보겠습니다.

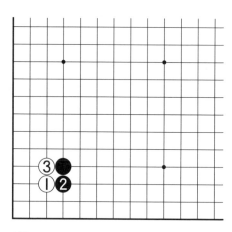

1도

1도 (화점에 3三침입)

귀의 화점에 백1로 3三에 침입한 모양에서 흑2에 막고 백3으로 미는 것은 자연스런 행마입니다.

이다음 서로 수읽기를 통해 원하는 변화를 선택해서 일단락을 지어야겠지요.

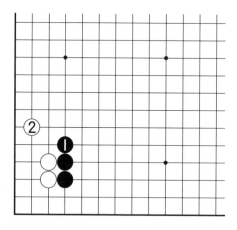

2도

2도 (흑 선수와 백 후수)

흑1에 늘고 백2의 날일자 행마로 모양을 잡으면, 이 부분은 흑의 세력과 백의 실리로 일단락이며 흑은 이곳에서 손을 뺄 수 있습니다.

그러면 다른 곳에 흑이 둘 수 있는 권한이 생기는데, 이런 경우 흑의 '선수'라 하며 상대적으로 백은 '후수'가 됩니다.

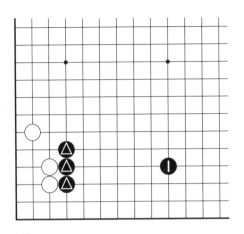

3도

3도 (평가의 기준)

만일 흑이 △들의 세력을 실려서 1
로 영역을 넓히는 데 선수 권한을
사용하면 하변 흑이 웅장해지며, 이
번에는 백이 선수입니다. 상대적으
로 흑은 후수가 되죠.

　이 모양만 보면 흑의 세력이 백
의 실리보다 낫지만, 백이 선수이므
로 결과는 대등하다고 평가합니다.

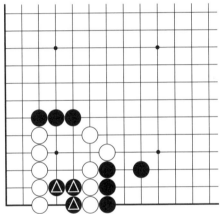

4도

4도 (흑 석점을 살리려면?)

이 그림에서 흑△ 석점이 갇혀서
위험합니다.

　흑이 살리려면 어떻게 두어야 할
지 생각해보세요.

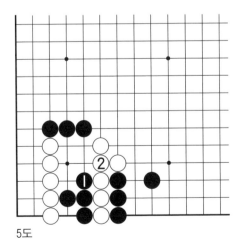

5도

5도 (당장 선수)

흑1의 단수는 백2로 이어야 하니
당장 선수입니다. 문제는 이다음인
데~

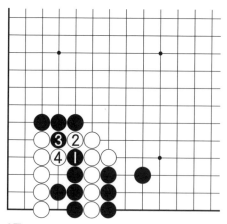

6도

6도 (끊어져 죽음)

흑1로 나가려 해도 백2, 4로 두면
흑이 끊어지는 모습입니다.

결국 5도에서 흑이 선수를 잘못
행사하는 바람에 살 수 없지요.

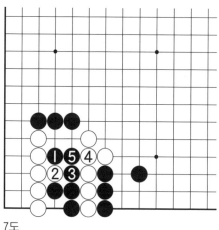

7도

7도 (유인하는 붙임)

이번에는 흑1로 묘한 곳에 붙였는
데 백2로 끊어달라는 유인책입니
다. 그러면 흑3의 단수를 선수한 후
5로 연결할 수 있습니다. 흑은 쌍립
연결로 탈출했습니다.

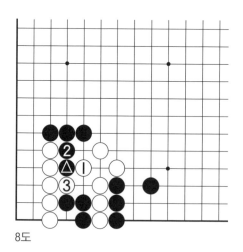

8도

8도 (본진이 끊어진다)

7도는 흑의 환상입니다. 흑▲ 때 백
1로 붙이는 수가 있습니다. 그러면
흑2로 한쪽만 연결되고 백3으로 흑
의 본진이 끊어집니다.

백1은 쌍립자리 급소로 장문의
응용으로 볼 수 있겠지요.

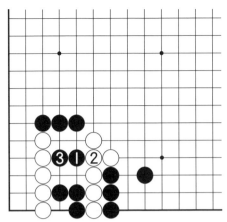

9도

9도 (쌍립으로 탈출)

이 문제는 선수 행사가 중요합니다. 흑1로 호구를 들여다본 후 3에 연결하는 것이 올바릅니다.

　바로 쌍립 2개로 탈출한 모습이지요. 이때 흑1의 선수 행사가 핵심이었습니다.

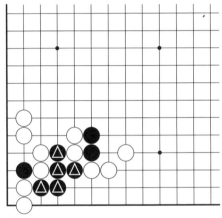

10도

10도 (탈출하는 방법은?)

이 그림에서 흑▲ 5점이 묘하게 갇혀있습니다.

　탈출하는 방법을 생각해보세요. 어디든 백을 잡으면 성공입니다.

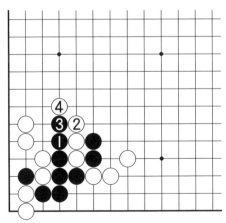

11도

11도 (단순한 나감)

흑1, 3으로 나가는 것은 단순한 생각입니다. 백2, 4로 포위하면 흑이 위태롭습니다.

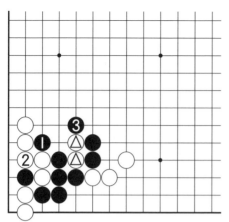

12도

12도 (문제를 해결하는 선수)

흑1의 단수가 문제를 해결하는 선수 행사입니다.

백2로 이을 때 흑3에 단수치면 백△ 두점을 잡고 보란 듯이 살아갑니다.

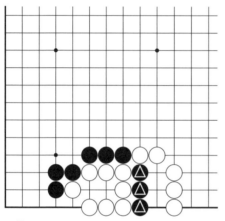

13도

13도 (수상전에서 승리하려면?)

이 그림은 흑△ 석점이 갇혀있는 모양입니다.

이 석점을 살리려면 왼쪽 백과의 수상전에서 승리해야 합니다. 여기서도 선수 행사가 문제를 푸는 열쇠입니다.

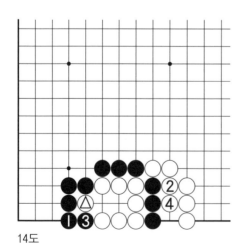

14도

14도 (흑의 1수 부족)

단순히 흑1부터 출발하면 백2, 4로 흑이 1수 부족합니다. 흑 석점이 잡혔지요.

흑이 백△ 한점이야 잡을 수 있지만 이삭에 불과합니다.

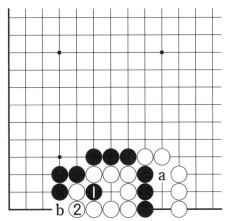

15도

15도 (백집 안에서 단수)

흑1로 백집 안에서 단수가 수상전에서 수를 줄이는 교묘한 선수 행사입니다. 이때 백2로 이으면 흑이 손을 빼도 잡혀있습니다.

　백이 a로 수를 줄일 때 흑b로 단수쳐도 늦지 않습니다.

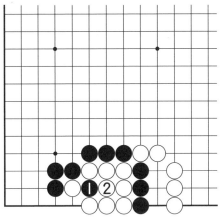

16도

16도 (일단 따내야 한다)

흑1로 단수치면 일단 백도 2로 따내야 하나라도 수를 방어하겠지요.

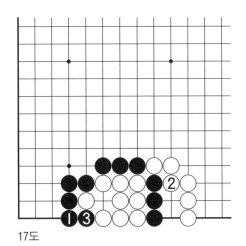

17도

17도 (흑의 1수 승리)

그러면 이런 모양이 되는데, 이제 흑은 수상전의 원리대로 1, 3으로 백의 바깥수를 줄이면 되겠지요.

　보다시피 수상전은 흑의 1수 승리가 되었습니다.

바둑은 집을 짓기 쉬운 귀에서 출발합니다. 이에 따라 귀를 배경으로 싸움이 벌어집니다. 이때 귀에서 서로 우열을 가릴 수 없는 모양이 생기는데, 이를 '정석'이라 합니다. 이번 테마에서는 귀의 화점을 배경으로 초보자가 기억해둘 정석 과정에서 기본 행마가 어떻게 적용되고 확장되는지 알아봅니다.

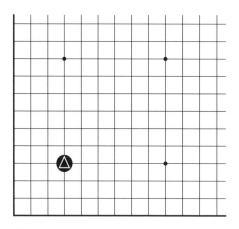

1도

1도 (화점 정석의 출발)

보통 귀는 화점과 소목을 많이 사용하므로 초보자는 화점과 소목에서의 간단한 정석 변화를 알아두면 좋습니다.

우선 흑❤의 화점 정석부터 알아보겠습니다. 여기서 보여주는 가장 기본이 되는 정석은 우선 암기해도 도움이 되겠지요.

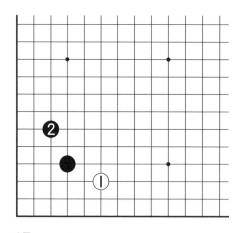

2도

2도 (날일자걸침에 날일자받음)

보통 화점에는 백1로 다가섭니다. 백1로 다가선 모양을 '날일자걸침'이라 합니다.

흑은 2의 날일자 행마를 많이 둡니다. 특히 귀에서 이 모양을 '날일자받음'이라 합니다. 이 날일자받음은 일단 귀를 지킨 후 다음을 기약하자는 뜻이지요.

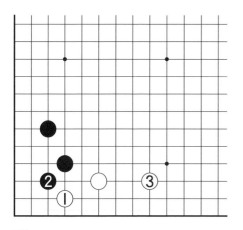

3도

3도 (기본 정석)

돌은 근거를 마련해야 안정합니다. 백1의 날일자로 귀에 들어오는 것은 그런 이유이죠. 흑2와 백3도 모두 같은 이유입니다.

참고로 변에 모양을 넓힐 때 '벌림'이라는 용어를 사용합니다. 백3은 '두칸벌림'이죠. 처음 화점에 걸친 후 백3까지는 초보자에게 가장 기본이 되는 정석입니다.

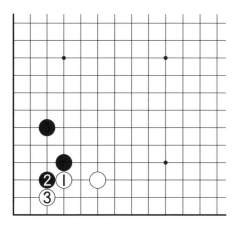

4도

4도 (화점에 붙이는 변화)

2도에 이어서, 백1로 화점에 붙이는 변화도 있습니다. 귀에 파고드는 강인한 수단이죠.

흑2로 젖히면 백도 3에 젖히는 것이 좋은 행마입니다. 지금은 허술해 보이지만~

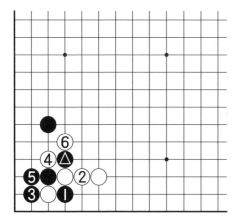

5도

5도 (흑의 득보다 실이 크다)

만일 흑1로 약점을 끊고 3으로 백 한점을 잡으면 백은 4, 6으로 흑❷를 축으로 잡을 수 있습니다.

그러면 흑 진영을 파괴하며 백이 세력을 쌓아 흑은 이득보다 손실이 크지요.

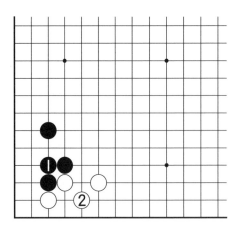

6도

6도 (서로 안정)

4도 다음 서로 약점을 지키면 무난합니다. 흑은 1로 잇고 백은 2로 호구로 잇는 것이 자연스런 지킴입니다. 특히 백2는 호구가 2개이므로 '양호구'라 합니다. 여기까지 서로 안정된 모양이며 역시 초보의 기본 정석에 해당합니다.

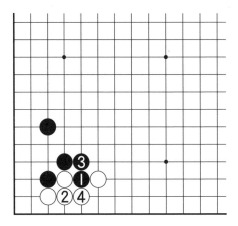

7도

7도 (인공지능이 애용하는 변화)

4도에 이어서, 흑1로 단수친 후 3으로 잇는 변화도 있습니다.

인공지능 바둑이 애용하는데, 양호구를 허용하지 않겠다는 뜻이지요. 그러면 백도 4로 연결합니다.

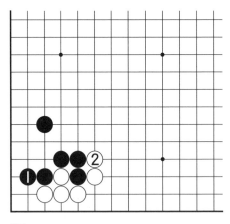

8도

8도 (잘 어울린 모양)

다음 흑1로 귀를 지키면 백은 2로 두는데 힘을 기르겠다는 뜻입니다.

참고로 흑1은 형태상 '내려선다'고 했고, 백2는 '밀어올린다'고 말합니다. 여기까지도 서로 잘 어울린 모양이지요.

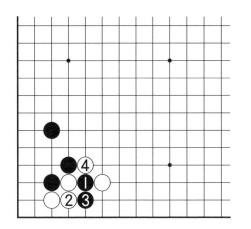

9도

9도 (뚫는 변화)

4도에 이어서 흑1, 3으로 뚫는 변화도 있습니다.

이렇게 되면 싸움은 피할 수 없습니다. 백은 4로 끊는 것이 이에 맞서는 행마입니다.

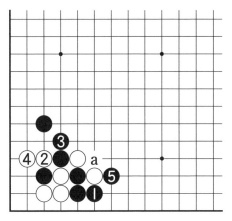

10도

10도 (세력과 실리로 어울린 정석)

이다음 흑1로 나가면 귀가 불안한 백은 2, 4로 흑 한점을 잡으며 안정합니다. 흑은 5로 단수치며 중앙에서 힘을 내지요. 흑은 세력, 백은 실리로 어울린 정석입니다. 중앙 백 두 점이 약해서 흑의 세력이 힘을 내기 좋지만 백의 선수이지요. 다음 백이 a로 이으면 싸움이 확산됩니다.

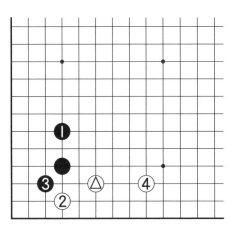

11도

11도 (한칸으로 받는 경우)

화점에 백△로 걸칠 때 흑1의 '한칸 받음'도 많이 사용합니다. 좌변의 발전에 뜻을 두는 수법이지요.

백도 2, 4로 안정하면 무난합니다. 3도에서 보았던 수순이지요.

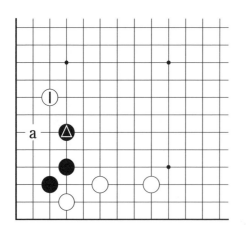

12도

12도 (백이 다가오는 경우)

흑▲의 한칸받음은 자세가 4선으로 높은 만큼 변의 발전성은 강하지만 귀의 안정성은 약합니다.

만일 백1로 다가오면 다음 a로 들어올 길이 열려있어 흑은 실속이 없습니다.

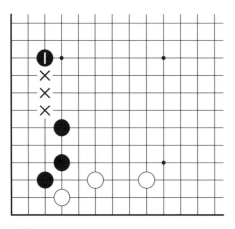

13도

13도 (모양을 넓히면서 안정)

따라서 흑은 1로 모양을 넓히면서 안정하는 것이 좋습니다. 참고로 흑의 자세가 높을 때는 ×의 세칸으로 벌려도 문제없습니다.

여기까지 정석에 해당합니다. 흑이 후수로 일단락되므로, 프리미엄으로 흑의 영토가 좀 크지요.

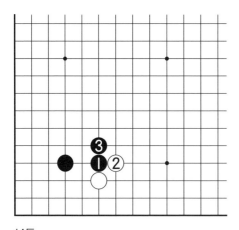

14도

14도 (붙여뻗기)

이번에는 흑이 1, 3으로 붙이고 늘었습니다. 이 모양을 '붙여뻗기'라고 했지요. 중앙에서 힘을 내고 싶을 때 많이 사용합니다.

참고로 힘이 생겨 단단한 모양은 '두터움', 힘이 없어 허술한 모양은 '엷음'이라고도 하는데, 두터우면 나중에 집이 늘어나고 엷으면 집이 줄어들 공산이 큽니다.

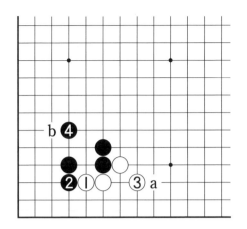

15도

15도 (무난한 정석)

이 모양에서 백1과 흑2는 귀의 요 소입니다.

다음 백은 3(또는 a)으로 안정하고, 흑은 4(또는 b)로 안정하면 서로 무난합니다. 흑이 후수인 대신 두터운 정석입니다.

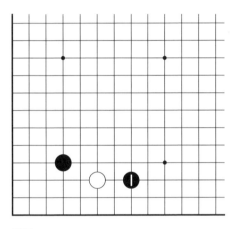

16도

16도 (협공)

화점에 백이 걸칠 때 흑은 협공을 선택할 수 있습니다.

이 경우 흑1이 대표적이며 '한칸 협공'이라 합니다. 백을 공격하며 모양을 정리하겠다는 뜻이지요.

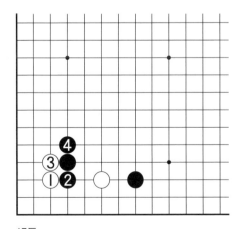

17도

17도 (기억해둘 수순)

이다음 백이 싸움을 피하자면 1로 3三에 침입하는 것이 무난합니다.

그러면 흑2로 막고 4까지 기억해 둘 수순입니다.

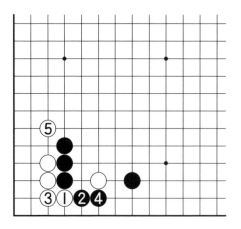

18도

18도 (협공에서 기본 정석)

계속해서 백1, 3의 젖혀이음을 기억해두세요. 그러면 흑4로 지키고 백5로 변에 진출해서 일단락입니다. 백은 귀에 실리를 얻고, 흑은 변에 두터운 모양을 갖춰 어울린 정석입니다.

협공에서 가장 기본이 되는 정석이라 보면 좋겠지요.

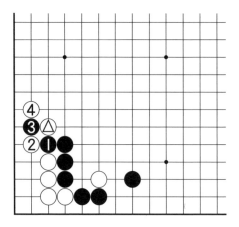

19도

19도 (끊을 수 없다)

백△의 한칸은 귀와 연결하며 변에 앞서 진출하는 경쾌한 행마입니다.

이제는 모를 리 없겠지만 흑1, 3으로 끊으려 하면 백4로 단수쳐서 오히려 흑3 한점이 잡힐 뿐이죠.

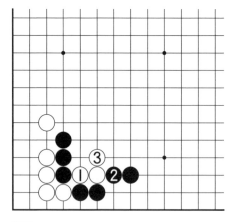

20도

20도 (백이 끊는 경우)

이 정석에서 백1로 끊으면 어떻게 될까요?

우선 흑2로 압박하면 백3에 연결해 달아나야 하겠지요.

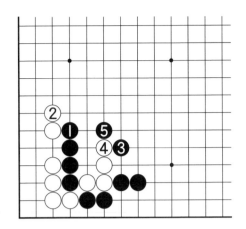

21도

21도 (장문으로 잡힌다)

다음 흑1로 밀면 백2로 늘어야 합니다.

이때 흑3에 씌우면 장문에 해당합니다. 백4에 나가려 해도 흑5로 막으면 백이 탈출할 수 없지요.

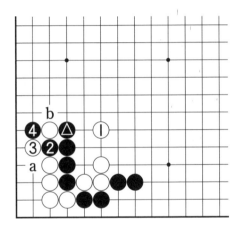

22도

22도 (나와끊음)

흑▲로 밀 때 여기를 받지 않고 백1로 중앙 백을 살리면 어떻게 될까요. 그러면 흑2, 4로 나가며 단수쳐서 a와 b를 맞보기로 백이 심한 상처가 생깁니다.

참고로 흑2, 4의 동작은 '나와끊음' 또는 '나가끊음'이라 부릅니다.

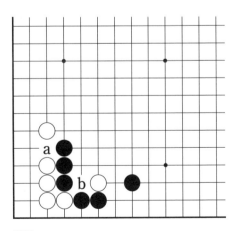

23도

23도 (서로 안정적인 모양)

결론적으로 정석 과정을 거친 이 모양은 일단 서로 안정적입니다.

흑은 a로 끊을 수 없고, 백은 b로 끊을 수 없음을 확인했습니다.

보통 화점은 귀에서 균형을 잡으면서 변으로 발전하는 데 장점이 있습니다. 반면 소목은 귀에서 집을 마련하는 데 화점보다 효율적입니다. 이번 테마에서는 귀의 소목을 배경으로 초보자가 기억해둘 정석 과정에서 기본 행마가 어떻게 적용되고 확장되는지 알아봅니다.

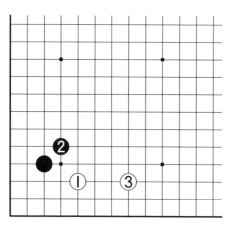

1도

1도 (날일자걸침에서)

소목에는 자주 사용하는 몇 가지의 걸침이 있습니다. 우선 백1의 날일자걸침이 많이 사용되죠. 귀의 실리를 노리는 특징이 있습니다.

흑2의 마늘모 행마는 귀의 모양을 갖추는 단단한 수이며, 백3은 변에서 안정을 위한 두칸벌림입니다.

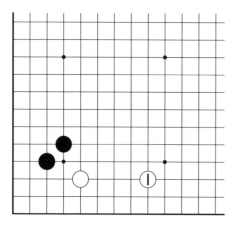

2도

2도 (세칸벌림)

백1은 '세칸벌림'이라 합니다. 두칸벌림보다 엷은 대신 변의 진출에 속도를 내려는 뜻입니다.

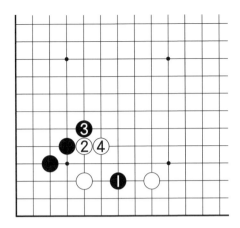

3도

3도(서로 싸우는 경우)

세칸벌림이면 간격이 넓어 흑1의 침입이 유효합니다. 그러면 당장은 백도 흑1을 포위할 수 없죠.

백2, 4는 이럴 때 상대방에 기대어 싸우는 수법입니다. 이를 '기대기수법'이라 합니다. 이러면 앞으로 싸움에 강한 쪽이 유리하겠지요.

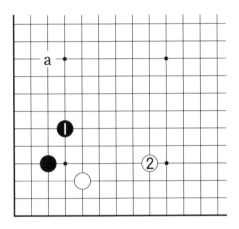

4도

4도 (세칸높은벌림)

소목에 백이 걸칠 때 흑1의 날일자 행마도 많이 사용합니다. 이 수는 귀의 모양을 갖추면서도 변의 진출 (a 방면)에 뜻을 둡니다.

백2는 '세칸높은벌림'이라 합니다. 위치가 높은 만큼 변과 중앙을 아울러 중시할 때 둘 수 있습니다.

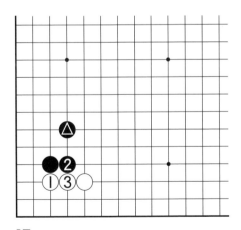

5도

5도 (백의 희망사항)

흑▲의 날일자 행마일 때는 백1로 귀의 소목에 붙이는 수도 가능합니다. 이때 흑2로 늘고 백3에 잇는 것은 백의 희망사항이죠.

백은 귀에 실리를 독차지해서 좋습니다. 흑은 근거가 빈약하고 힘도 약한 모양이지요.

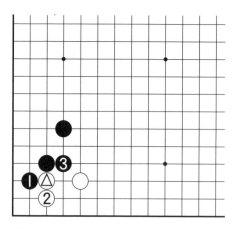

6도

6도 (붙이면 젖힌다)

백△에 붙이면 흑1로 젖히는 것이 힘찬 행마입니다. '붙이면 젖혀라'는 격언도 이 경우에 해당합니다.

이때 백2로 단순히 연결하면 흑3으로 호구자리에 두어 백이 엷고 흑은 활발한 모양(가능성이 높은 모양)입니다. 5도와 비교하면 그 차이를 실감할 수 있지요.

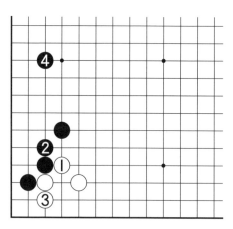

7도

7도 (무난한 정석)

이 상황에서 백1, 3의 수순을 기억해두세요. 그러면 백은 호구의 좋은 모양이 됩니다. 여기는 귀에서 서로 지분을 나누는 과정이라 이해하면 좋습니다. 다음 흑4로 세칸 벌리면 일단락됩니다. 흑이 후수인 대신 변의 영토가 넓습니다. 무난한 정석으로 암기해도 좋겠지요.

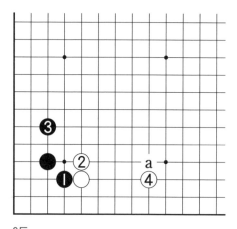

8도

8도 (기본 정석)

흑1로 붙이면 백2로 세우는 것이 필연입니다. 그래야 힘이 축적됩니다. 흑은 3으로 한칸 벌려 모양을 갖춥니다. 이때 백은 4(혹은 a)로 세칸 벌리는 것이 안성맞춤입니다.

흑은 귀의 실리를 중시하고, 백은 변에 폭넓게 진출하는 모습이죠. 기본 정석으로 기억하면 좋습니다.

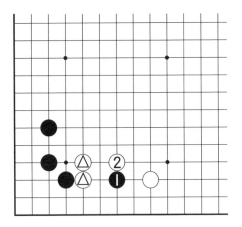

9도

9도 (벌림의 원리 – 일립이전, 이립삼전)

백△ 두점이 세워진 모양일 때는 세칸 벌리는 것이 적절하다 했습니다. 이와 관련해 '일립이전', '이립삼전'이라는 원리가 있습니다. 한점에서 벌릴 때는 두칸, 두점에서 벌릴 때는 세칸이 적당하다는 뜻이지요. 지금처럼 이립삼전에 흑1로 침입하면 백2로 포위해 흑이 곤란합니다.

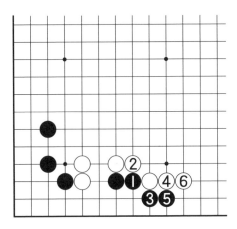

10도

10도 (백의 세력이 형성된다)

가령 흑이 살려고만 한다면 1로 두고 3, 5로 변의 2선을 밀어갈 수도 있겠지요. 그러나 이렇게 두면 살아도 몇 집에 불과하고 그동안 백의 세력이 강하게 형성됩니다. 또 사는 동안 귀가 다칠 수도 있습니다.

　이런 결과를 두고도 '소탐대실'이라 하죠. 작은 것을 탐하다 큰 것을 잃는다는 뜻입니다.

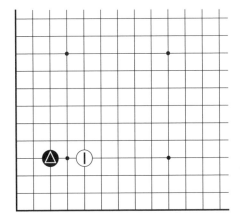

11도

11도 (한칸걸침)

처음으로 돌아와서, 귀의 소목에 백1로 높게 걸치는 수도 많이 둡니다. 이를 '한칸걸침'이라 합니다. 흑▲와의 관계가 한칸 모양이지요.

　자세가 높은 만큼 귀보다는 변과 중앙을 중시하는 걸침입니다.

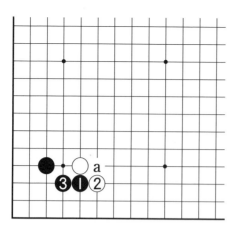

12도

12도 (붙여끌기)

흑1, 3은 귀의 실리를 중시할 때 사용하는 수법입니다. 이를 보통 '붙여끌기'라 부릅니다.

다음 백은 a의 약점을 방비해야 하는데~

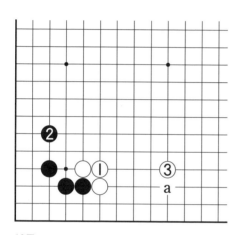

13도

13도 (꽉 잇는 경우)

백1로 꽉 이으면 흑2로 한칸 벌려 모양을 갖춥니다. 이때 백이 중앙을 중시하면 3으로 세칸 높게 벌리는 것이 적절합니다. 변의 안정을 중시하면 백a로 낮게 벌리면 되지요.

흑은 귀, 백은 변에 치중한 기본 정석으로 알아두세요.

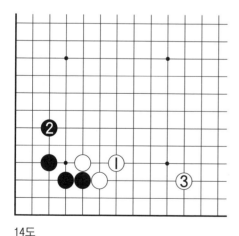

14도

14도 (호구로 잇는 경우)

12도에 이어서, 백1의 호구이음도 가능합니다. 흑2 다음 백은 1의 4선을 기점으로 3의 세칸까지 벌릴 수 있습니다.

보통 꽉이음은 힘이 있고, 호구이음은 탄력이 있다고 이해하면 좋겠습니다.

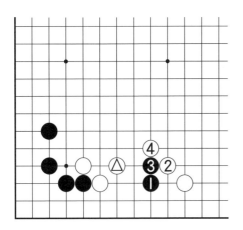

15도

15도 (적절한 간격)

원조 이립삼전은 아니지만 백△의 4선을 기점으로 한 세칸벌림도 적절한 간격입니다.

이 정석에서 흑1로 침입하면 백 2, 4로 가두어 흑이 탈출하기 어렵다고 기억해두세요.

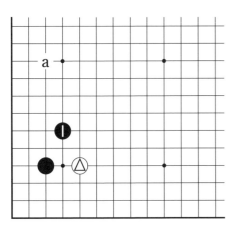

16도

16도 (변을 중시한 행마)

소목에 백△의 한칸으로 걸칠 때 흑1의 날일자 행마는 귀보다 a 방면 변의 진출을 중시할 때 사용합니다.

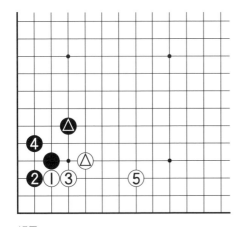

17도

17도 (기본 정석)

이때 귀에서 백1, 3의 붙여끌기는 백의 권리입니다. 다음 흑은 4의 호구로 모양을 갖추는 것이 탄력적입니다. 흑▲로 높은 경우 백은 △를 기점으로 5의 두칸으로 벌리는 것이 안정적입니다. 백5는 눈목자 행마이기도 하죠. 서로 잘 어울린 기본 정석으로 기억해두세요.

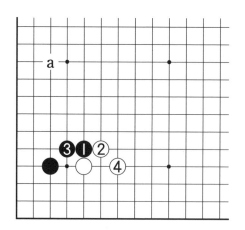

18도

18도 (위로 붙여끄는 정석)

되돌아가서 흑은 위쪽에서 1, 3의 붙여끌기를 시도할 수 있습니다. 백은 4의 호구이음이면 무난합니다.

흑이 a쪽 변과 중앙을 중시하면 이 정석을 선택할 수 있습니다.

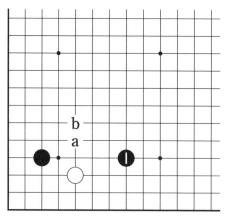

19도

19도 (두칸높은협공)

날일자걸침으로 다시 돌아가 봅니다. 흑이 싸움을 좋아하면 협공도 가능합니다. 흑1은 협공의 예인데, '두칸높은협공'이라 합니다. 공격을 통해서 모양을 정리해 가겠다는 뜻이지요. 우선 백은 a의 한칸이나 b의 두칸으로 뛰어 중앙에 진출하는 것이 자연스런 행마입니다.

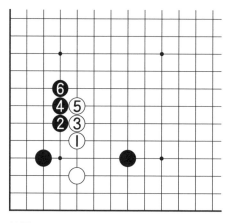

20도

20도 (상대의 4선을 밀지 마라)

백1의 한칸뜀으로 중앙에 진출하면 흑2의 날일자 행마로 동행하는 것이 자연스럽지요. 이때 백3, 5로 상대의 등을 밀어가는 것은 잘못된 행마입니다. 그러면 6까지 세력선인 4선의 집을 허용한 백의 손실이 크지요. "4선을 밀지 마라"는 격언도 그런 이유입니다.

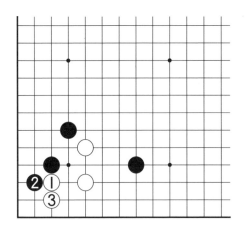

21도

21도 (귀에서 근거 마련)

이 모양에서 백은 1, 3으로 귀에서 근거를 마련하는 것이 무난한 선택입니다.

먼저 안정하고 후일을 기약하겠다는 뜻이지요.

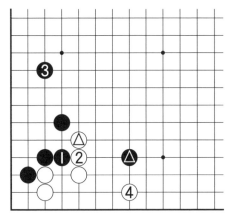

22도

22도 (정석의 하나)

다음 흑은 1로 호구자리 급소를 선수로 둔 후 3에 벌려 근거를 마련합니다. 백△가 흑진을 노리므로 흑3은 이를 의식한 안정된 두칸벌림이죠. 그러면 백도 4의 눈목자 행마로 변에 진출하며 근거를 마련합니다.

흑△가 있어 백4의 낮은 자세는 어쩔 수 없지요. 이 결과도 정석의 하나로 기억해두면 좋습니다.

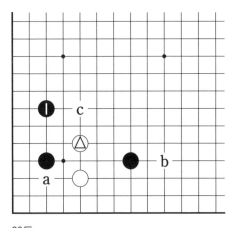

23도

23도 (가능한 구상)

백△로 뛸 때 처음부터 흑은 1로 두칸 벌릴 수도 있습니다. 보기에도 안정된 행마이지요.

그러면 백은 구상에 따라 a로 근거부터 마련하든가, b로 협공해서 싸우든가 선택하겠지요. 또는 c로 뛰어 중앙을 경영하는 행마도 가능합니다.

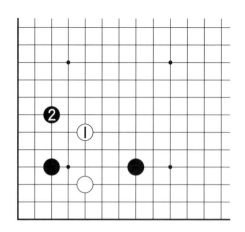

24도

24도 (두칸으로 뛰는 경우)

흑이 협공한 장면에서 백1의 두칸 뜀도 많이 두는 수입니다. 약간 엷지만 경쾌한 행마입니다.

흑도 2로 두칸 벌려 동행하며 싸우는 행마가 자연스럽지요.

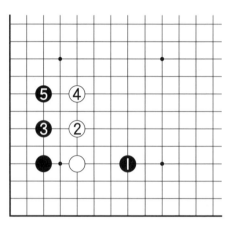

25도

25도 (한칸걸침에 두칸높은협공)

이번에는 한칸걸침으로 다시 돌아가 봅니다. 흑이 공격을 원하면 1의 두칸높은협공이 많이 사용됩니다.

그러면 백은 2, 4로 중앙으로 한칸 뛰고, 흑은 5까지 변으로 한칸 벌려 동행하며 싸우는 행마가 보기에도 자연스럽지요.

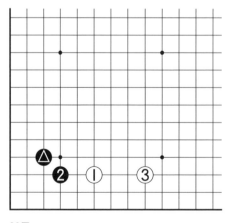

26도

26도 (눈목자걸침에서)

처음으로 돌아와서, 소목에 백1의 걸침도 사용됩니다. 이를 '눈목자걸침'이라 합니다. 흑▲와의 관계가 눈목자 모양이지요. 날일자걸침보다 한칸 떨어진 만큼 변을 중시합니다. 흑2는 귀의 지킴입니다. 백은 3의 두칸벌림으로 안정합니다. 백3은 일립이전 원리대로이죠. 이 모양도 서로 무난한 정석입니다.

바둑 두는 과정은 크게 초반, 중반, 종반으로 나눌 수 있습니다. 초반은 귀에서 출발하고 변으로 발전합니다. 이에 따라 귀와 변의 영토를 둘러싸고 일어나는 싸움에서의 행마를 '포석'이라 합니다. 포석은 넓게는 중앙도 일부 포함하지요. 이번 테마에서는 초보자가 기억해둘 포석 과정에서 기본 행마가 어떻게 적용되고 확장되는지 알아봅니다.

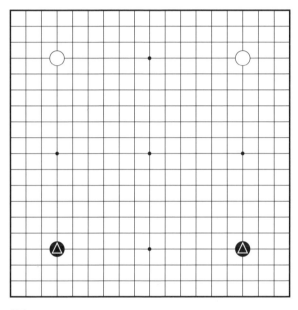

1도

1도 (양화점 포석)

바둑은 귀에서 출발하므로 처음에는 이런 모양으로 서로 한 수씩 교환합니다.

편의상 하변 쪽을 흑의 배치로 설정했지만, 양쪽의 귀가 흑●의 화점입니다. 이를 '양화점' 또는 '이연성'이라 합니다. 이처럼 초반이 진행된다면 '양화점 포석' 또는 '이연성 포석'이라 하지요.

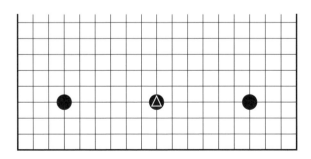

2도

2도 (삼연성 포석)

양화점에서 흑●로 변의 화점까지 포함하면 '삼연성'이라 합니다. 이처럼 초반이 진행된다면 '삼연성 포석'이라 하며 세력을 중시하는 포석입니다.

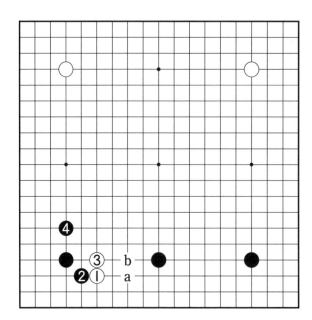

3도

3도 (공격)

삼연성 포석에서는 걸치는 방향이 중요합니다.

백1로 흑의 진영 안에서 걸치면 흑2, 4의 공격이 안성맞춤입니다.

백은 벌릴 공간이 a와 b로 좁아 불만입니다. 이립삼전 원리에 어긋나기 때문이지요.

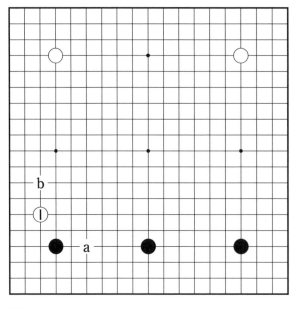

4도

4도 (넓은 쪽에서 걸침)

백은 1로 넓은 쪽에서 걸치는 것이 올바릅니다. 그래야 심한 공격을 피하면서 영토를 만들어갈 수 있지요. 다음 흑은 수비부터 하든지, 공격을 통해 모양을 정리하든지 선택하게 됩니다.

a의 한칸받음은 수비하는 대표적 행마이며, b의 한칸협공은 공격하는 대표적 행마입니다.

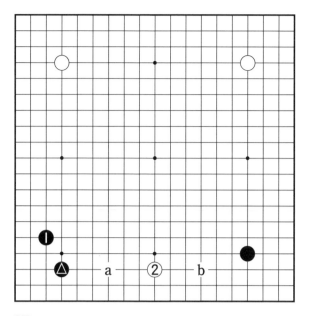

5도

5도 (갈라치는 요령)

흑●의 소목에서 1의 날일자 행마는 귀의 실리를 단단히 굳히는 수입니다. 그래서 '날일자굳힘'이라 하죠. 맞은편 귀는 흑의 화점입니다. 백2는 양쪽 흑의 진영을 견제하는 균형점이지요. 이런 행마를 '갈라침'이라 합니다. 갈라칠 때는 a와 b로 두칸 벌릴 여유가 있는 곳에 두는 것이 요령입니다.

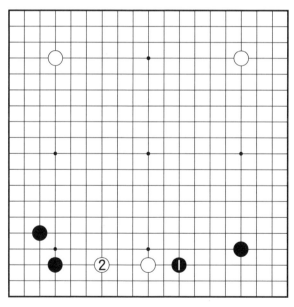

6도

6도 (다가서면 두칸벌림)

흑1의 벌림은 상대방에게 가까이 다가가는 행동이라 해서 '다가섬'이라고도 합니다.

이 모양에서 흑1로 다가서면 백2로 두칸 벌려 안정할 수 있습니다.

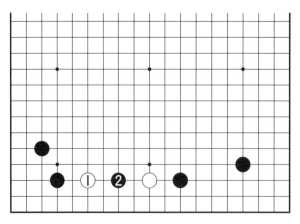

7도

7도 (세칸벌림은 욕심)

의지할 데 없는 공간에서 백1로 세칸 벌리는 것은 욕심입니다.

안쪽 공간이 모두 집이 되면 좋겠지만, 흑2로 침입하면 백이 양분되어 곤란합니다. 일립이전을 꼭 기억해두세요.

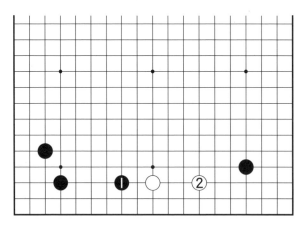

8도

8도 (포석 구상에 따라)

흑1로 왼쪽에서 다가서도 백은 2로 두칸 벌려 안정합니다.

어느 쪽으로 다가서느냐는 흑의 포석 구상에 달려있습니다.

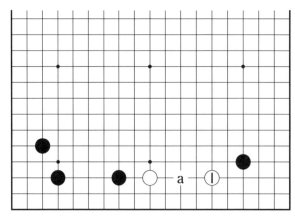

9도

9도 (걸침겸 세칸벌림)

이 모양에서 귀의 걸침을 겸할 때는 백1로 세칸 벌릴 수도 있습니다.

물론 a는 약점이지만 벌림이 귀를 향할 때는 세칸으로도 감당할 수 있다는 뜻이지요.

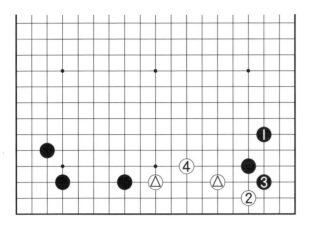

10도

10도 (고저장단의 원리)

이 다음 흑1의 날일자로 귀부터 지키면 백은 4까지 변에 진영을 구축할 수 있습니다. 백4는 4선인데 ⚠들이 3선이기에 균형을 맞춘 것이죠.

이를 '고저장단'이라 하는데 포석에서의 원리이죠. 변에 벌릴 때는 3선과 4선의 높낮이와 간격을 맞추라는 뜻인데 그래야 효율적인 집이 형성됩니다. 지금은 고저를 맞춘 모양입니다.

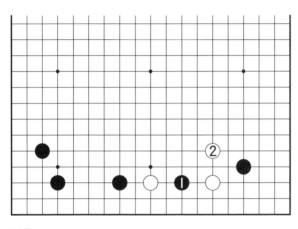

11도

11도 (침입하는 경우)

9도에 이어 흑1로 침입부터 하면 백2의 중앙으로 한칸뜀이 알기 쉽습니다. 그러면 양쪽 귀와 변의 흑을 노릴 수 있지요.

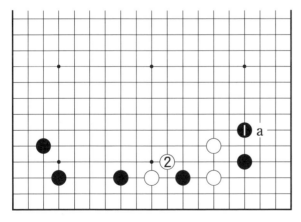

12도

12도 (귀의 지킴이 우선)

이때 흑은 1(혹은 a)로 귀의 지킴이 우선입니다. 그러면 백2의 마늘모 행마로 변에 침입한 흑을 포위해 싸우는 포석이 됩니다.

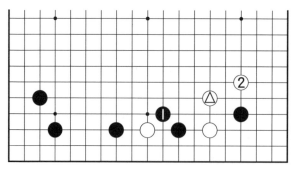

13도

13도 (변을 움직이는 경우)

백△로 뛰어나갈 때 흑1
로 변을 움직이면 백2로
귀를 포위합니다.

 집을 만들 때 변보다
귀가 크다고 했듯이, 귀
를 포위한 백이 기분 좋
은 포석이겠지요.

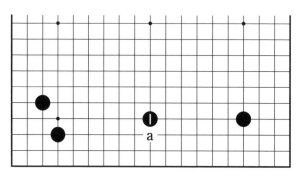

14도

14도 (웅장한 세력)

이 모양에서 흑이 먼저 1
(혹은 a)로 변의 중심을
차지하면 웅장한 세력이
형성됩니다.

 굳힘을 기반으로 양쪽
귀와 변으로 이어진 세력
은 그 가치가 매우 높습
니다.

15도 (세칸높은벌림)

이 모양은 아래가 서로
귀의 화점을 나눠 가졌습
니다.

 흑1로 걸친 후 3으로
변의 화점에 두면 세칸높
은벌림인데, 변에 모양을
펼칠 때 사용합니다. 백
은 4로 넓은 쪽에서 걸치
면 무난한 포석입니다.

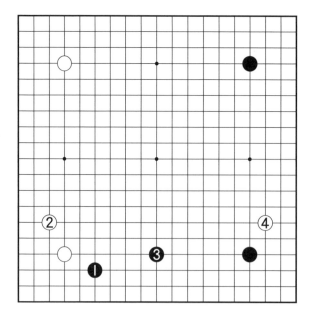

15도

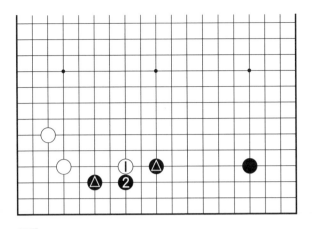

16도

16도 (높게 침입하는 경우)

흑▲ 두점의 높은 벌림은 높낮이의 균형이 있는 만큼 간격은 세칸이래도 위험하지 않습니다.

백이 이곳을 침입하면 어떻게 되는지 알아봅니다. 먼저 백1로 높게 들어오면 흑2로 붙이며 차단해서 좋습니다.

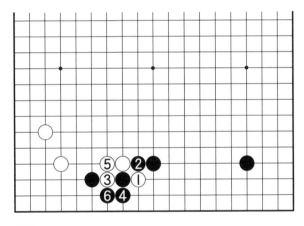

17도

17도 (모두 연결)

백이 끊으려고 1로 젖힌 후 3에 단수치지만 흑4 다음 백도 약점을 5로 이어야 하는데, 흑6으로 막으면 모두 연결된 모습이지요. 백은 1의 한점만 잡힐 뿐 침입이 실패했습니다.

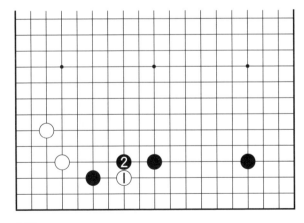

18도

18도 (낮게 침입하는 경우)

이번에는 백1로 낮게 침입해볼까요.

굳이 침입한다면 이 수가 효과적입니다. 이때도 일단 흑2로 붙여 외부와 차단합니다.

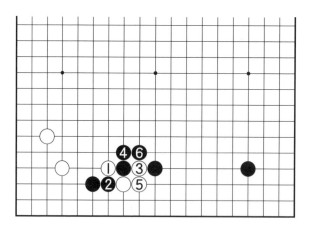

19도

19도 (결국 차단)

백은 1, 3으로 단수치며 뚫고나가 보는데 5의 약점을 도로 이어야 하지요. 그러면 결국 흑6으로 차단됩니다.

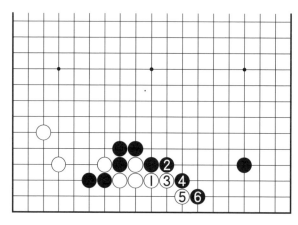

20도

20도 (이단젖힘)

백은 1, 3으로 밀며 안에서 사는 일이 시급해졌습니다.

흑은 4, 6으로 이단젖힘이 강인한 수법입니다.

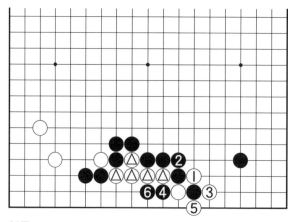

21도

21도 (백의 손실)

이때 백1, 3으로 흑 한점을 잡으면 흑은 4, 6으로 백△ 5점을 잡을 수 있습니다. 그러면 백의 손실이 크므로~

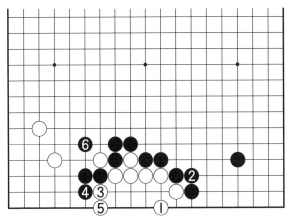

22도

22도 (흑, 웅장한 세력)

백이 안에서 살려면 1~5까지 궁도를 넓힙니다.

　백이 변에서 조그맣게 사는 동안 흑은 6으로 한 점을 잡으며 웅장한 세력을 구축하지요.

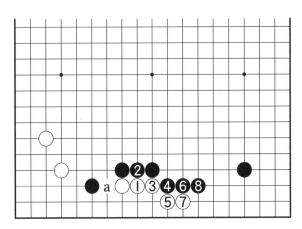

23도

23도 (눌리는 모양)

되돌아가서 백1, 3으로 반듯하게 연결해서 살아가는 것은 흑4로 눌리며 8까지 흑의 세력이 커집니다. 백a쪽도 나가봤자 좌하귀가 다쳐 손해만 보지요.

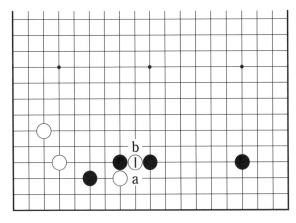

24도

24도 (끼움)

백1의 끼움은 의미 있는 행마의 기술입니다. 상대의 응수를 물어서 흑a나 b에 따라 다음수를 선택하려는 뜻이 있죠. 이를 '응수타진'이라 합니다. 응수를 타진하면 문제를 풀어가는 데 도움이 되죠.

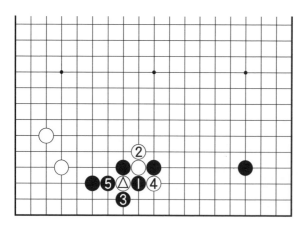

25도

25도 (한점 잡는 경우)

이때 흑1, 3으로 백△ 한 점을 잡는 것은 앞만 보고 뒤는 보지 못하는 행마입니다.

그러면 백4로 단수쳐서 흑5로 백 한점을 따낼 때~

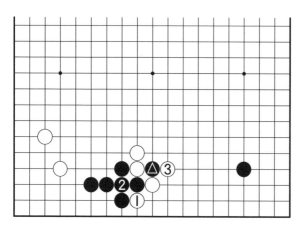

26도

26도 (백, 기분 좋은 포석)

백1의 단수를 선수한 후 3이면 흑△가 축이죠.

서로 한점을 잡았지만 흑의 진영에서 모양을 형성한 백이 기분 좋은 포석입니다.

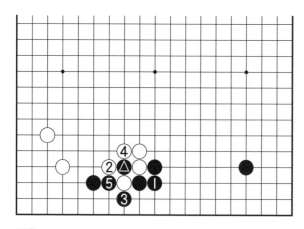

27도

27도 (연결하는 경우)

24도 백2 때 이 그림 흑1로 이으면 백은 2, 4로 역시 축을 이용해 흑△를 잡습니다.

흑은 5까지 한점 뻥따냄을 허용하며 전체를 연결할 수 있지만~

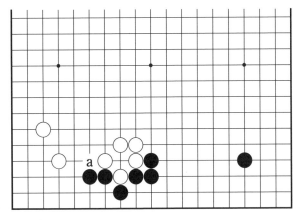

28도

28도 (백이 두터운 결과)

흑 한점을 따낸 중앙에 백의 세력이 생겼습니다. 세력은 두터움을 동반하는 경우가 많아 백이 두텁다고도 말하지요.

그런데다 백이 선수이므로 a로 막는다면 더욱 두터워질 테지요.

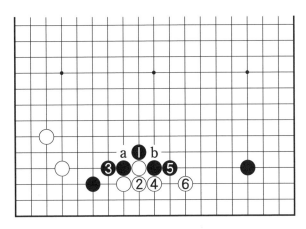

29도

29도 (약점을 노린다)

이제 흑1로 위에서 단수치는 수읽기를 해보죠. 일단 백2와 흑3으로 연결합니다. 백은 4, 6으로 한번 밀고 뛰는 것이 좋은 수순입니다. 그래야 변에 당당하게 진출하며 a와 b의 약점을 노리지요.

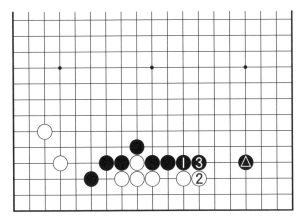

30도

30도 (세력으로 대항)

흑도 1, 3으로 밀어가면 변에 실리를 주더라도 충분히 대항할 수 있습니다. 흑1, 3은 '눌러막음'이라고도 하는데 ▲와 합동으로 세력을 크게 도모하려는 뜻이지요. 여기까지 서로 자연스런 행마입니다.

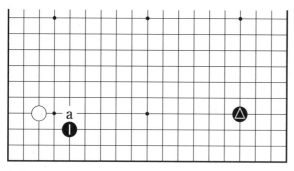

31도

31도 (걸침이 우선)

좌하귀는 백의 소목, 우하귀는 흑의 화점입니다. 이런 경우 흑이 두면 맞은편 ▲를 기반으로 1(혹은 a)의 걸침이 우선입니다.

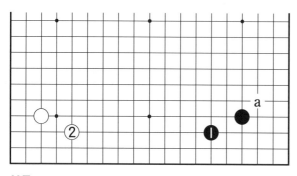

32도

32도 (소목에 걸친 이유)

흑1은 화점에서 날일자 굳힘입니다. 흑이 먼저 1이면 백도 2로 굳힙니다.

좋은 모양에서 보았듯이 백의 소목 굳힘은 완전한데 흑의 화점 굳힘은 a까지 두어야 완전합니다. 흑이 백의 소목부터 걸친 이유이지요.

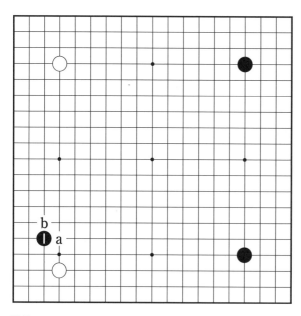

33도

33도 (모두 가능한 걸침)

좌하귀 소목의 방향이 다릅니다. 역시 흑은 걸침이 우선인데, 걸침에도 종류가 있죠. 흑1은 '날일자걸침'이지만, a면 '한칸걸침', b면 '눈목자걸침'입니다. 지금처럼 좌변이 백의 진영이면 모두 선택 가능하죠. 특히 흑b는 좌변에서 백의 활동을 제한하려는 뜻이 있습니다.

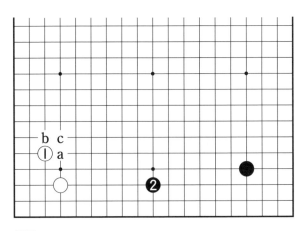

34도

34도 (화점에서 전개)

백이 두면 굳힘이 우선입니다. 백1은 '날일자굳힘'이지만, a면 '한칸굳힘', b면 '눈목자굳힘'이죠. 인공지능은 c의 '두칸굳힘'도 애용합니다.

화점에서는 흑2로 넓게 벌려도 좋습니다. 이를 '전개'라고도 말합니다. 특히 이 모양에서 흑2의 전개는 백의 진영을 견제합니다.

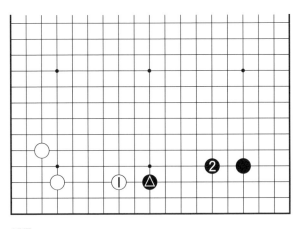

35도

35도 (한칸굳힘의 경우)

흑이 화점에서 ▲로 전개할 때 백1의 벌림도 귀의 굳힘을 살리는 좋은 자리입니다. 흑2의 한칸굳힘은 귀와 변을 동시에 지키는 행마입니다.

이때도 고저장단의 원리가 적용되지요. 높낮이와 간격까지 적당합니다.

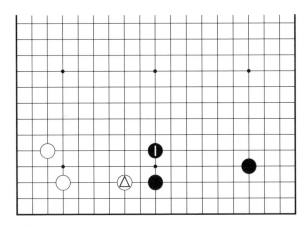

36도

36도 (한칸뜀의 경우)

백△로 벌릴 때 흑이 중앙을 중시하면 1의 한칸뜀을 선택할 수 있습니다.

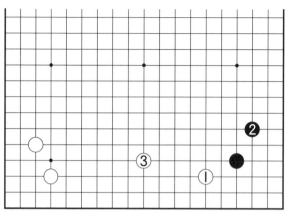

37도

37도 (포석의 진행방식)

포석은 통상 귀의 굳힘이
나 걸침→변의 벌림→중
앙의 뜀으로 진행합니다.

　이런 원칙에서 백이 두
면 1의 걸침이 우선이죠.
흑2로 받으면 백3으로 벌
려 귀의 굳힘을 기반으로
모양이 웅장합니다.

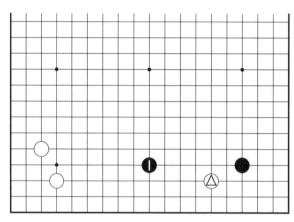

38도

38도 (서로 싸우는 포석)

백△로 걸칠 때 흑은 1로
하변을 선점할 수 있습니
다. '세칸높은협공'이지
요. 그러면 서로 싸우는
포석이 예상됩니다.

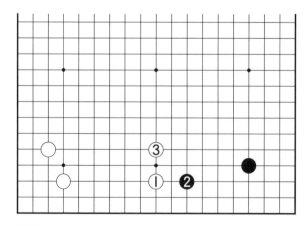

39도

39도 (입체적 모양)

굳이 백이 변에 정착하고
싶다면 1로 전개할 수 있
습니다.

　흑2에 다가서면 중앙
백3으로 한칸 뛰어 귀의
굳힘을 기반으로 입체적
모양을 구축합니다.

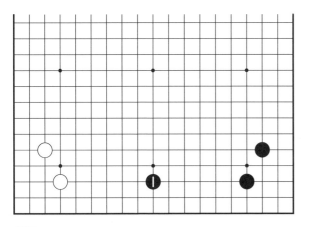

40도

40도 (흑이 두는 경우)

소목에서 좌하귀는 백의 날일자굳힘, 우하귀는 흑의 날일자굳힘입니다.

이런 동일한 배치에서는 서로 마주보는 변의 중심에 전개하는 것이 매우 큽니다. 흑이 두면 1이 바로 그런 자리이죠.

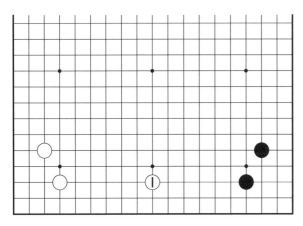

41도

41도 (백이 두는 경우)

백이 두더라도 1의 전개가 역시 큰 자리입니다.

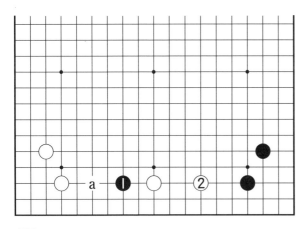

42도

42도 (무모한 침입)

이때 흑1의 침입은 모험입니다. 백은 2로 두칸 벌릴 여지가 있지만, 흑은 벌려봤자 a의 한칸뿐이죠. 그래서는 미생마가 되어 쫓깁니다.

참고로 흑1은 '뛰어들기'라고도 합니다. 뛰어들기는 시급한 상황에서 두는 경우가 많은데, 지금은 모양을 만들어가는 포석 시대입니다.

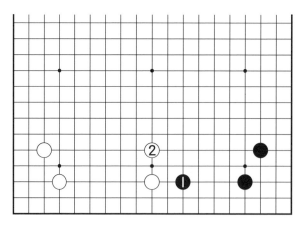

43도

43도 (무난한 포석)

이 포석에서도 흑1로 다가서고, 백2로 뛰면 무난합니다.

이와 관련해 "중앙으로 한칸뜀에 악수 없다"는 격언도 있지요. 참고로 '호수'는 좋은 수, '악수'는 나쁜 수를 말합니다.

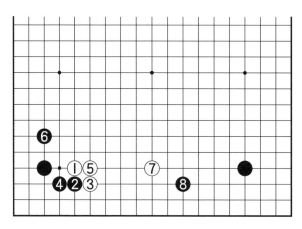

44도

44도 (소목 정석에서)

양쪽 귀가 흑의 화점과 소목입니다. 이럴 때는 통상 굳힘과 걸침도 소목이 우선입니다. 백1의 걸침부터 7까지는 앞에서 배웠던 소목에서의 기본 정석입니다. 흑8의 다가섬도 큰 자리입니다.

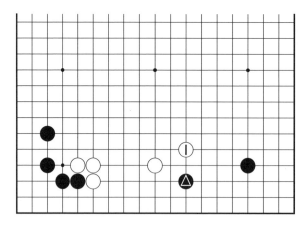

45도

45도 (모자씌움)

이다음 백1의 날일자 행마가 정석을 살리면서 중앙으로 향하는 좋은 자리입니다.

백1은 흑△와 한칸 간격인데, 이런 모양을 '모자씌움'이라 합니다. 줄여서 '모자'라고도 하죠.

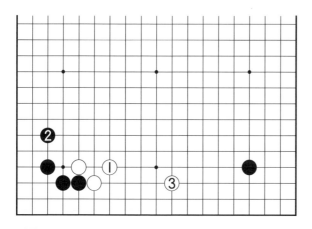

46도

46도 (호구로 잇는 정석)

이번에는 백1의 호구로 이은 후 3으로 벌리는 정석의 경우입니다.

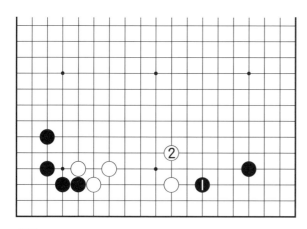

47도

47도 (무난한 포석)

이때 흑1로 다가서면 백2로 중앙에 한칸 뛰어 지키는 것이 무난한 포석입니다.

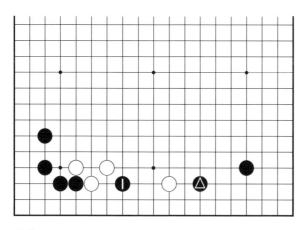

48도

48도 (흑이 주도하는 싸움)

여기를 백이 방치하면 흑1의 침입이 매섭습니다.

그러면 분주한 싸움이 벌어지는데, 아무래도 흑 ▲가 대기하고 있는 만큼 백은 약한 모습이고 흑의 주도권이 강하겠지요.

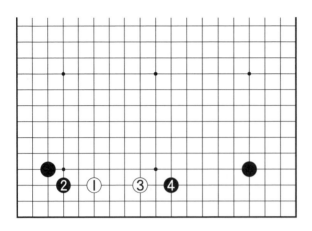

49도

49도 (눈목자걸침에서)

백1은 눈목자걸침입니다. 흑2로 귀를 지키면 백은 3으로 두칸 벌려 안정합니다. 이때 흑4의 다가섬도 큰 자리가 되죠.

흑이 양쪽으로 압박해서 백이 엷은 모양인데~

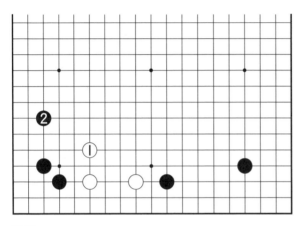

50도

50도 (왼쪽에서 뛰면?)

백1로 한칸 뛰어 보강하면 무난합니다.

귀에서 흑도 2로 두칸 벌려 변에 진출하는 것이 자연스런 행마입니다.

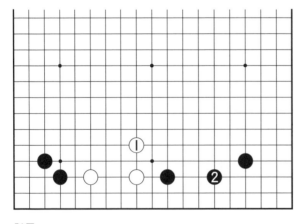

51도

51도 (오른쪽에서 뛰면?)

백1로 오른쪽에서 뛰면, 하변에서 흑도 2로 귀와 변을 동시에 지키는 것이 자연스런 행마이죠.

흑2는 변에서 보면 두칸 행마, 귀에서 보면 날일자 행마입니다.

테마❶ 보통 실리는 안쪽의 집이며 세력은 바깥의 모양이다. 실리는 집으로 환산이 가능하며, 세력은 당장 집은 아니지만 나중에 집이 될 공산이 크다. 이유 없이 2선에서 밀면 세력을 허용하므로 좋지 않다. 실리는 많이 탐하지 말고 세력이 있으면 우선 견제하는 것이 좋다. 세력에 가까이 다가서면 배후에서 공격을 받아 고달프다. 세력을 살리자면 멀리 발전하는 행마가 효과적이다.

테마❷ 수순이 일단락되고 나서 다음 둘 수 있는 권한이 생긴 쪽을 선수라 하고, 상대적으로 다른 쪽을 후수라 한다. 일단락된 모양의 좋고 나쁨은 선수와 후수를 감안해서 평가한다. 보통 결과가 조금 부족해도 선수를 잡으면 대등하다고 평가한다. 문제를 풀어가는 데도 선수 행사가 중요하다.

테마❸ 귀의 싸움에서 서로 우열을 가릴 수 없는 모양이 생기는 경우 이를 정석이라 한다. 가장 기본이 되는 정석은 우선 암기하면 좋다. 화점에는 날일자걸침이 많이 사용된다. 그러면 날일자받음이나 한칸받음이 보통이다. 날일자받음은 귀의 안정성, 한칸받음은 변의 발전성을 중시한다. 변의 3선에서는 두칸, 4선에서는 세칸 벌리는 것이 적당하다. 공격하며 모양을 정리하려면 협공을 선택할 수 있다. 화점에서 협공할 때 싸움을 피하자면 3三에 침입하는 것이 무난하다. 그러면 실리와 세력으로 어울린 정석이 된다.

테마❹ 소목에는 자주 사용하는 몇 가지 걸침이 있다. 날일자걸침은 귀의 실리를 노린다. 한칸걸침은 자세가 높은 만큼 변과 중앙을 중시한다. 눈목자걸침은 변을 중시한다. 붙이면 젖히는 것이 힘찬 행마이다. 벌릴 때는 일립이전, 이립삼전의 원리가 적용된다. 4선에 놓인 상대의 등을 밀면 실리 손실이 크다.

테마❺ 귀와 변의 영토를 둘러싼 접전에서의 행마를 포석이라 한다. 삼연성 포석은 세력을 중시한다. 이때 넓은 쪽에서 걸치는 것이 무난하다. 날일자굳힘은 귀의 실리를 단단히 지킨다. 갈라칠 때는 양쪽으로 두칸 벌릴 여유가 있는 곳에 둔다. 고저장단은 포석 원리로 벌릴 때 3선과 4선의 균형을 맞추라는 뜻인데 그래야 효율적인 집이 형성된다. 보통 굳힘을 기반으로 양쪽 귀와 변으로 이어진 세력은 가치가 매우 높다. 귀의 걸침에서 세칸높은벌림은 안정적이다. 양쪽에 서로 굳힘이 있을 때는 마주보는 변의 중심에 전개하는 것이 대단히 크다. 화점과 소목이 함께 있을 때는 통상 굳힘과 걸침도 소목이 우선이다. 두칸벌림이 양쪽에서 압박을 받으면 중앙으로 한칸 뛰는 것이 무난하다.

① 흑 세력, 백 실리

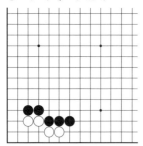

② 젖혀이음: 백1, 3

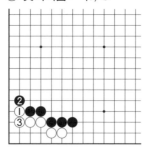

③ 협공: 흑1

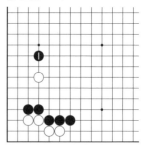

④ 중복: 흑▲들

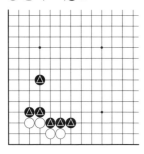

⑤ 흑 선수, 백 후수: 백4 다음

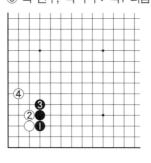

⑥ 선수 행사: 흑승

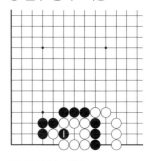

⑦ 날일자걸침에 날일자받음

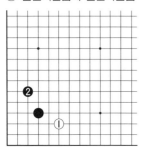

⑧ 두칸벌림: 백1

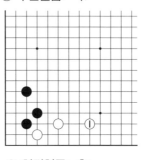

⑨ 양호구: 백1

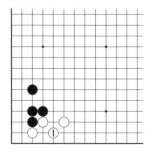

⑩ 한칸받음: 흑1

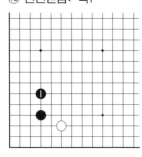

⑪ 한칸협공: 흑1

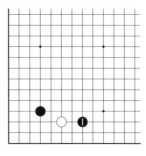

⑫ 세칸높은벌림: 백1

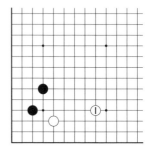

⑬ 한칸걸침: 백1

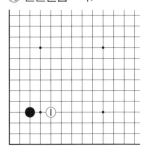

⑭ 붙여끌기: 흑1, 3

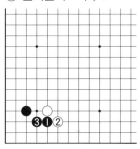

⑮ 두칸높은협공: 흑1

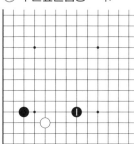

⑯ 눈목자걸침: 백1

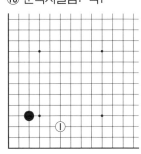

⑰ 일립이전: 백△에서 두칸

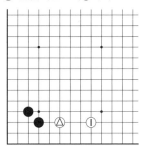

⑱ 이립삼전: 백△에서 세칸

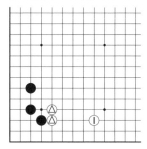

⑲ 삼연성 포석: 흑△

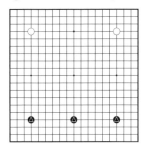

⑳ 날일자굳힘: 흑1

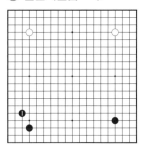

㉑ 갈라침: 백1

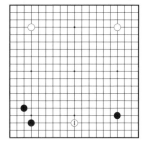

㉒ 다가섬: 흑1

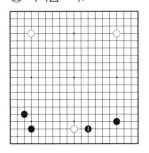

㉓ 전개: 흑1

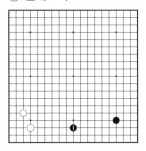

㉔ 모자씌움: 백1

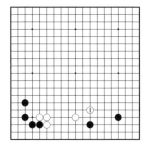

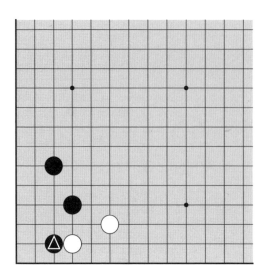

문제 1

▦ 문제 1

화점에서의 정석 과정에서 흑
🔺로 붙인 장면입니다.

사실 이 붙임은 무모한 행
마입니다. 백이 어떻게 두면
효과적인지 생각해보세요.

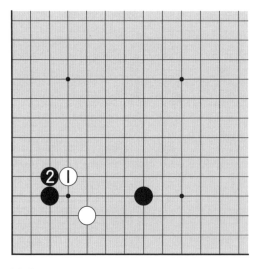

문제 2

▦ 문제 2

소목에서 두칸으로 높게 협공
한 장면입니다. 백1의 날일자
행마는 귀를 압박하며 모양을
정리하려는 뜻입니다.

이때 흑2로 밀면 무난한데,
다음 한 수씩 서로 어디에 두
면 좋은지 생각해보세요.

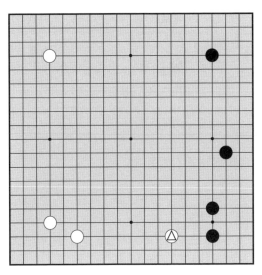

문제 3

▦ 문제 3

초반 포석 장면입니다. 백△가 흑의 진영 가까이에서 외롭습니다. 아무래도 변에 벌려서 안정해야겠지요.

이때 가장 효율적인 벌림을 생각해보세요.

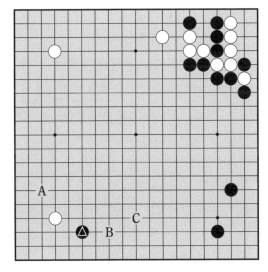

문제 4

▦ 문제 4

실전에서 발췌한 장면입니다. 흑의 우변이 우하귀와 호응해서 광활합니다. 흑▲로 걸쳤는데, 여기서 백은 어디에 두는 것이 가장 효과적일까요?

A~C 중에서 선택하는데, 흑의 웅장한 세력을 견제한다는 점에서 생각해보세요.

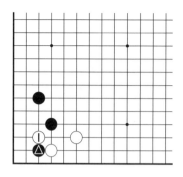

문제 1 (정답)

여기는 무조건 흑1로 젖히는 것이 힘찬 행마입니다.

일단 흑▲ 한점을 제압해야겠지요. 붙이면 젖히라는 격언에도 적용됩니다.

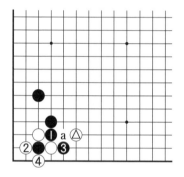

문제 1 (참고-1)

이때 흑1로 끊으면 백2로 귀의 한점을 잡고 봅니다.

그러면 흑3으로 백△를 차단하고 나서 a의 약점이 남습니다.

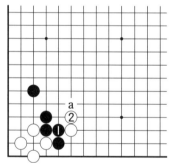

문제 1 (참고-2)

약점을 흑1로 이으면 백2로 호구자리에 올라서서 이쪽에도 모양을 갖춥니다. 백2는 a로 가볍게 뜰 수도 있겠지요.

그러면 귀에 실리를 허용하고 모양도 부실한 흑이 불만입니다.

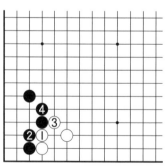

문제 1 (오답)

백1, 3은 고지식한 행마입니다. 그저 호구 모양만 얻었을 뿐 실속이 없습니다. 귀의 실리를 독차지한 흑의 만족이지요.

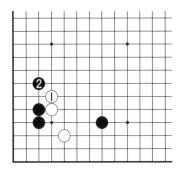

▦ 문제 2 (정답)

'밀면 늘어간다'는 것이 행마의 원리입니다. 그렇다면 백은 1로 늘어야겠지요. 그래야 힘이 생깁니다. 이때 흑은 1로 한칸 뛰어 진출하는 것이 좋은 행마입니다. 상대보다 앞서가는 것이 효율적이겠지요.

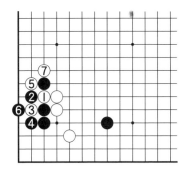

▦ 문제 2 (참고 1)

백1, 3으로 나와 끊으면 어쩌려고요. 물론 흑4로 한점을 잡으면 백5, 7로 변의 흑 한점을 축으로 몰아서 백의 만족이겠지요.

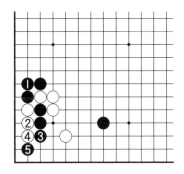

▦ 문제 2 (참고 2)

여기는 흑1로 변쪽을 이으면 해결됩니다. 백2로 나가려 해도 흑3으로 하나 늘고 나서 5로 막으면 백 석점이 잡힙니다. 변의 흑은 끊길 염려가 없다는 뜻이지요.

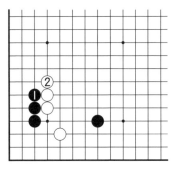

▦ 문제 2 (오답)

흑이 변에 한칸 뛰지 않고 1로 또 밀면 백2로 늘어서 백의 힘만 더욱 강해집니다.

　　이처럼 3선에서 계속 미는 것은 나쁜 행마로 알아두세요.

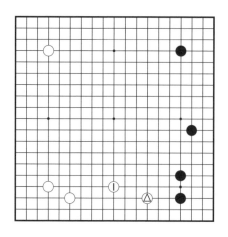

문제 3 (정답)

포석에서는 '일립이전'과 '고저장단'의 원리가 있습니다.

백△에서 두 가지 지침을 모두 충족시키는 자리는 백1로 두칸 높게 벌리는 것이죠. 그러면 백의 하변 모양이 조화롭게 형성됩니다.

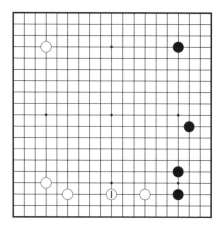

문제 3 (오답)

백1의 두칸벌림은 일립이전의 원리에는 안성맞춤이지만, 하변 백의 모양이 모두 3선에 치우쳐있어 효율성이 떨어집니다.

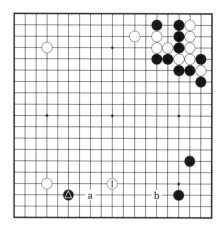

문제 4 (정답)

백1로 흑△를 멀리서 협공하는 것이 좋은 구상입니다. 구체적으로는 세칸높은협공이죠.

흑의 웅장한 세력을 갈라친다고 봐도 좋겠지요. 양쪽으로 a와 b에 벌릴 수 있어 적절한 자리입니다.

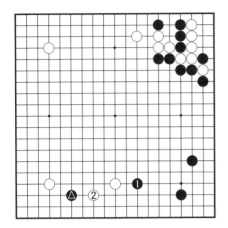

▦ 문제 4 (참고)

만일 흑1로 다가오면 백2로 벌립니다. 백2의 벌림은 간격이 좁지만 흑 ▲를 압박하는 자리이므로 나름대로 충분한 구실을 하지요.

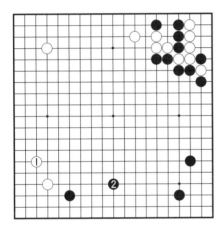

▦ 문제 4 (오답 1)

백1의 날일자받음은 화점 정석에서 가장 무난한 수비 행마이지만 이런 환경에서는 적절하지 못합니다.

흑2로 변의 화점에 벌리면 우변과 하변이 서로 호응하며 가공할 입체적 세력이 형성됩니다.

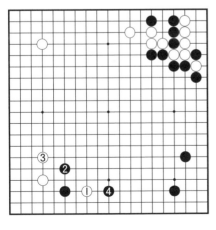

▦ 문제 4 (오답 2)

백1은 한칸협공인데, 적극적 용기는 가상하지만 이런 환경에서는 좀 무모합니다.

가령 흑2로 뛴 다음 4로 되협공하면 배후에 흑의 세력이 있는 만큼 백이 수세에 몰릴 공산이 크지요.

PART 4

마무리를
잘하기 위한
초보 끝내기

'끝내기'란 바둑의 종반 국면에서 많게는 10집 이상, 적게는 1~2집을 다투면서 서로의 영토 경계선을 확정하는 행위를 말합니다. 끝내기는 중앙에서도 이루어지지만 싸우면서 자연스럽게 경계가 완성되는 경우가 많고, 실상 3선에서 1선으로 향해 가면서 미묘한 변화도 많아 여기에서 승부가 뒤집어지기도 합니다. 이번 테마에서는 초보자도 이해하기 쉬운 간단한 끝내기의 과정을 알아봅니다.

① 집의 경계를 완성한다

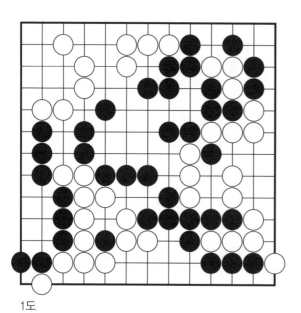

1도

1도 (어떻게 완성하는가?)

초보자가 이해하기 편하도록 13줄 바둑판을 사용하겠습니다.

서로 영토의 윤곽은 정해졌고 어느덧 끝내기 단계에 접어들었습니다.

지금부터 끝내기를 어떻게 완성해 나가는지 살펴보겠습니다.

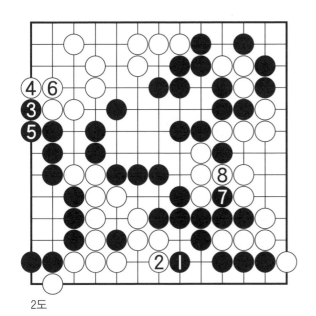

2도

2도 (끝내기 과정 1)

흑1과 백2는 2선에서의 끝
내기입니다. 흑3, 5의 젖혀
이음은 1선에서 끝내기이
고, 백6의 단점을 잇는 것
은 어쩔 수 없지요.

그러고 보면 좌변 경계
선은 확정되었습니다. 다
음 흑7과 백8로 우변에서
경계선을 완성해갑니다.

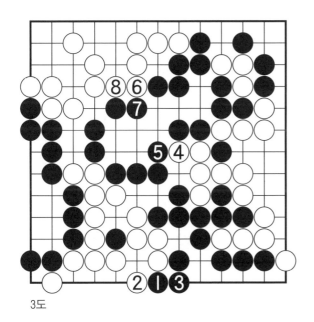

3도

3도 (끝내기 과정 2)

다시 선수를 잡은 흑은 1,
3의 젖혀이음으로 1선 끝
내기를 합니다.

백4부터 8까지는 중앙
에서의 끝내기로 흑집이
완성되고 있습니다.

이처럼 끝내기는 집의
경계를 완성해가는 과정입
니다.

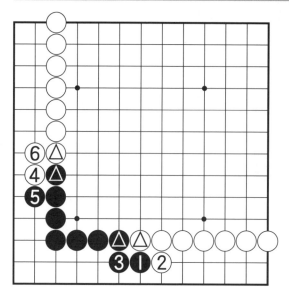

1도

1도 (2선 끝내기)

끝내기는 중앙에서의 싸움이 종결되면 3선을 기반으로 1선을 향해 진행되는 경우가 많습니다. 여기에서는 편의상 서로 흑●와 백△로 경계가 있는 좌변과 하변의 끝내기로만 한정합니다.

흑1, 3의 젖혀이음은 2선에서의 대표적 끝내기입니다. 백4, 6의 젖혀이음도 같은 끝내기이죠.

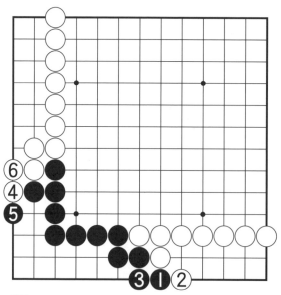

2도

2도 (1선 끝내기)

이다음 흑1, 3의 젖혀이음은 1선에서의 대표적 끝내기입니다. 백4, 6의 젖혀이음도 같은 끝내기이죠.

그러면 변의 경계선이 모두 완성됩니다.

끝내기는 크게 '후수 끝내기'와 '선수 끝내기'로 구분합니다. 후수 끝내기는 두고 나면 후수가 되어 다음 끝내기 권리가 상대에게 넘어가는 경우입니다. 선수 끝내기는 두고 나도 다음 끝내기 권리가 그대로 유지되는 경우입니다. 이번 테마에서는 초보자가 이해하기 쉬운 후수와 선수 끝내기의 과정을 알아봅니다.

① 후수 끝내기

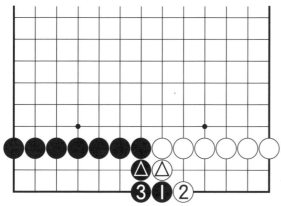

1도

1도 (흑의 후수 끝내기)

흑▲와 백△로 2선의 경계에서 대치한 장면에서 흑 1~3은 1선에서의 끝내기 과정입니다. 그러면 여기서 일단락되고 다음에 백이 끝내기 권리를 갖습니다. 이런 경우 흑1, 3의 젖혀이음은 '후수 끝내기'입니다.

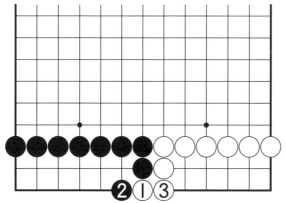

2도

2도 (백의 후수 끝내기)

이번에는 백이 1, 3으로 두는 경우입니다. 역시 1선에서의 끝내기 과정이죠. 다음에 흑이 끝내기 권리를 갖습니다.

따라서 백1, 3의 젖혀이음도 후수 끝내기이죠.

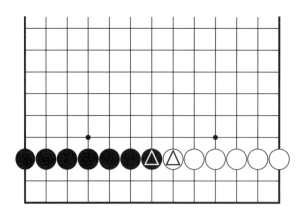

3도

3도 (3선 경계에서 대치)

이 그림은 서로 흑●와 백
△로 3선의 경계에서 대치
하고 있습니다.

　서로 끝내기를 어떻게
하는지 알아봅니다.

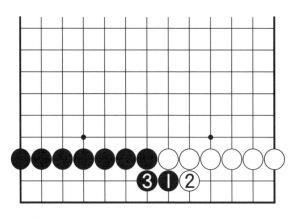

4도

4도 (흑의 후수 끝내기)

흑1로 젖히면 백2로 막고
흑3에 잇습니다. 2선에서
의 끝내기 과정이죠.

　그러면 여기서 일단락
되고, 다음에 백이 끝내기
권리를 갖습니다.

　따라서 흑1, 3의 젖혀이
음은 후수 끝내기입니다.

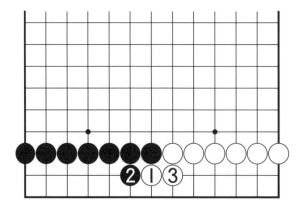

5도

5도 (백의 후수 끝내기)

이번에는 백이 1, 3으로
두는 경우입니다. 역시 2
선에서의 끝내기 과정이
죠. 다음에 흑이 끝내기
권리를 갖습니다.

　따라서 백1, 3의 젖혀이
음도 후수 끝내기입니다.

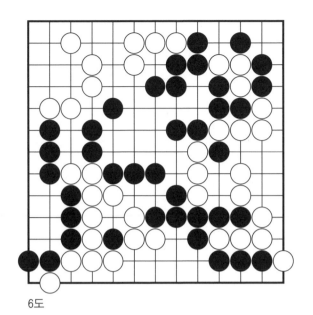

6도

6도 (실전에서)

이제 13줄 실전에서 후수 끝내기의 예를 알아보겠습니다.

먼저 흑이든 백이든 후수가 되는 끝내기를 찾아보세요.

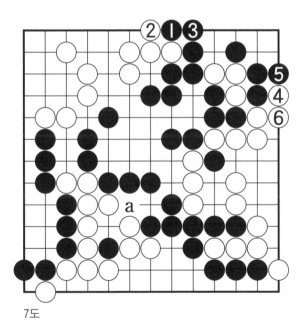

7도

7도 (후수 끝내기의 예)

흑은 1, 3의 젖혀이음이 후수 끝내기입니다. 백은 4, 6의 젖혀이음이 후수 끝내기입니다.

모두 1선에서의 끝내기이죠. a는 서로 중앙에서의 후수 끝내기입니다.

② 선수 끝내기

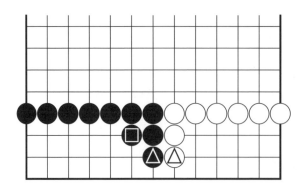

1도

1도 (끝내기 방법은?)

서로 하변 집의 공간이 넓어졌습니다. 흑▲와 백△로 2선의 경계에서 대치하고 있지만, 흑집에 ■가 있는 것이 특이합니다.

서로 끝내기를 어떻게 하는지 알아볼까요.

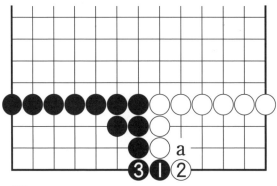

2도

2도 (약점이 남는다)

흑1, 3의 젖혀이음은 1선에서의 끝내기 과정입니다. 그러고 나면 백집에는 a의 약점이 남습니다.

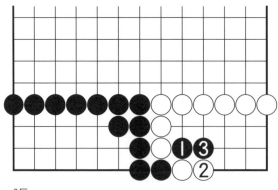

3도

3도 (단수치면 잡힌다)

백이 약점을 돌보지 않으면 흑1로 끊어 단수칠 수 있습니다.

백2로 나가도 흑3으로 계속 단수치면 백이 잡히는 모습이죠.

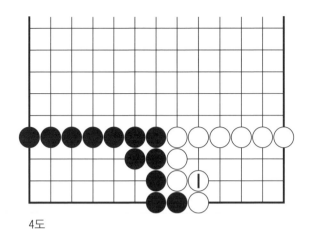

4도

4도 (흑의 선수 끝내기)

따라서 백은 1로 약점을 이어야 합니다. 그러면 선수 권리는 계속 흑이 잡습니다. 이런 경우가 '선수 끝내기'입니다.

결국 2도는 흑의 선수 끝내기였습니다.

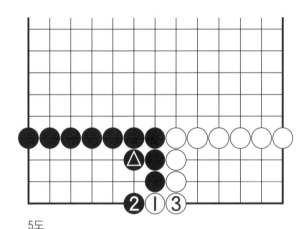

5도

5도 (백은 역끝내기)

백의 경우 1, 3으로 젖히고 이으면 흑집은 ▲ 덕분에 약점이 없으므로 여기서 일단락되고 다음에 흑이 끝내기 권리를 갖지요.

따라서 백은 후수 끝내기입니다. 이런 경우 특히 상대가 선수할 곳을 역으로 두었다 해서 '역끝내기'라 합니다. 즉 같은 상황에서 흑은 선수 끝내기, 백은 역끝내기였습니다.

6도 (끝내기 방법은?)

이번에는 a에 잇던 흑돌이 사라졌습니다.

서로 끝내기를 어떻게 하는지 알아볼까요.

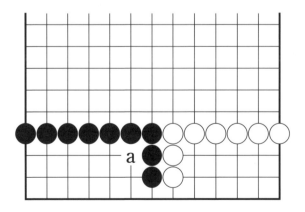

6도

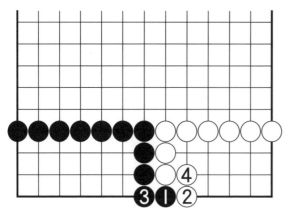

7도

7도 (흑의 경우–선수)

흑1, 3으로 젖혀 이으면 백4로 약점을 이어야 합니다. 그러면 흑의 선수 끝내기이죠.

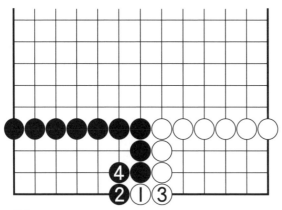

8도

8도 (백의 경우–선수)

백1, 3으로 젖혀 이어도 흑4로 약점을 이어야 합니다. 그러면 백도 선수 끝내기이죠.

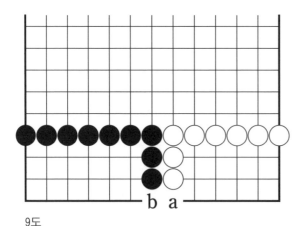

9도

9도 (양선수 끝내기)

이 장면에서 흑a도 선수 끝내기, 백b도 선수 끝내기였습니다. 이런 경우 서로 선수이므로 특히 '양선수 끝내기'라 합니다.

따라서 이 모양은 흑과 백, 누가 두든 양선수 끝내기입니다.

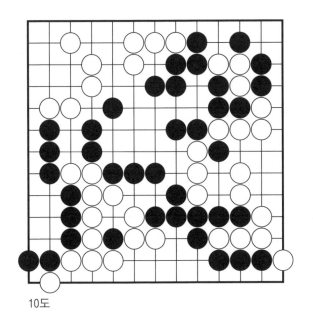

10도

10도 (실전에서)

이제 13줄 실전에서 선수 끝내기와 역끝내기의 예를 알아봅니다.

양선수 끝내기는 어디에 숨어있는지도 생각해보세요.

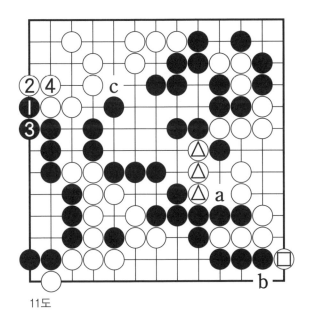

11도

11도 (흑이 두는 경우)

흑의 경우 1, 3으로 젖혀 이으면 백4로 약점을 이어야 합니다. 그러면 1선에서 흑의 선수 끝내기이죠.

흑a는 백이 받지 않으면 △ 석점이 잡히므로 선수 끝내기입니다. 흑b는 받지 않으면 백▢가 잡히므로 선수 끝내기에 가깝습니다. 흑c는 백이 받으면 선수 끝내기, 받지 않으면 후수 끝내기입니다.

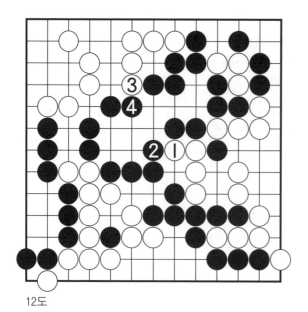

12도

12도 (백이 두는 경우)

이번에는 백 차례입니다. 백1이면 흑2, 백3이면 흑4로 받아야 합니다.

　모두 중앙에서 백의 선수 끝내기이죠

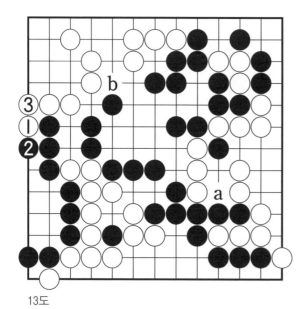

13도

13도 (역끝내기의 예)

백1, 3으로 젖혀 이으면 흑이 받지 않아도 되므로 후수 끝내기입니다.

　특히 흑이 선수할 곳을 두었으므로 백의 역끝내기이죠. 역시 백a도 역끝내기이며, 백b도 역끝내기에 가깝습니다.

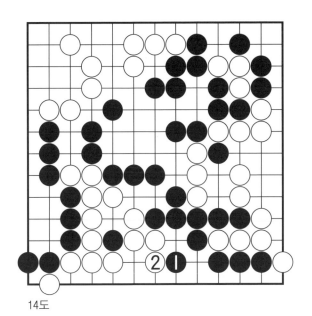

14도

14도 (흑의 경우-선수)

2선에서 흑1이면 백2로 받아야 합니다. 받지 않으면 하변 백 대마가 잡히니까요. 따라서 흑1은 선수 끝내기입니다.

참고로 '대마'란 아직 살지 못한 커다란 돌의 무리를 말합니다.

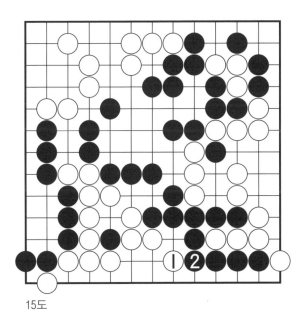

15도

15도 (백의 경우-선수)

백1이면 흑2로 이어야 합니다. 역시 백의 선수 끝내기이죠. 따라서 1의 곳은 누가 두든 선수이므로 양선수 끝내기입니다.

참고로 백1처럼 끊을 곳을 엿보는 행동을 '들여다본다'고 합니다. "들여다보는 데 잇지 않는 바보 없다"란 격언도 이럴 때 쓰면 제격이지요.

끝내기의 종류를 알았다면 이번에는 끝내기의 크기를 다룰 차례입니다. 어떤 끝내기가 어느 정도의 가치를 지녔는지 알아야 끝내기를 하면서 손해를 보지 않습니다. 끝내기에서 실점이 쌓이면 유리한 국면에서도 판정패당할 수 있습니다. 이번 테마에서는 아주 쉽게 끝내기의 크기를 계산하는 방법에 대해 알아봅니다.

① 눈으로 이해하며 계산하기

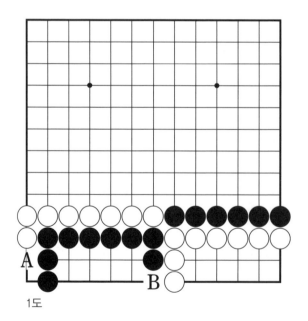

1도

1도 (끝내기 크기는?)

이 그림에서 귀의 A 자리와 변의 B 자리는 끝내기 크기가 얼마일까요?

여기는 간단한 끝내기이므로 눈으로 이해하며 계산해도 좋습니다.

이 모양에서는 편의상 사활은 무시하고 부분적인 끝내기로만 한정해서 설명합니다.

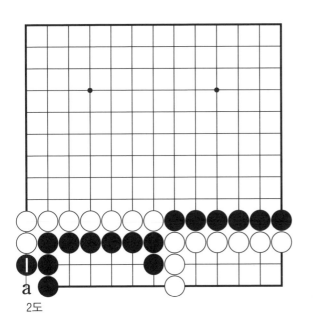

2도

2도 (귀의 끝내기 크기)

먼저 귀를 알아보겠습니
다. 흑이 1로 두면 a의 곳
에 1집이 생깁니다. 백은
1에 두어봤자 a가 공배입
니다. 흑의 1집을 방어했
다 생각하면 되겠지요. 그
리고 서로 후수이죠.

따라서 이곳은 흑이든
백이든 후수 1집 끝내기입
니다.

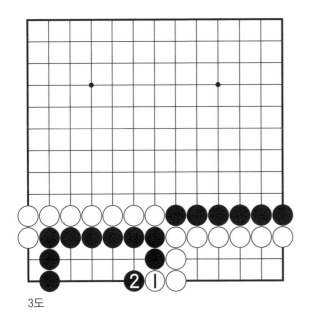

3도

3도 (변의 끝내기 크기)

이번에는 변을 알아보겠습
니다. 백1로 들어가면 흑2
로 막아야 하므로 선수입
니다. 흑이 1에 두면 후수
이며 백의 경우와 비교해
서 1집이 늘어납니다.

따라서 흑은 후수이지
만 역끝내기 1집, 백은 선
수 1집 끝내기입니다.

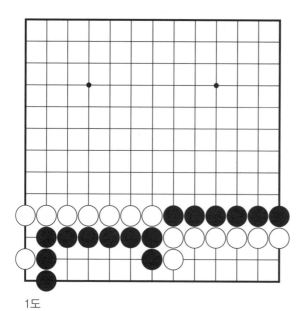

1도

1도 (끝내기 크기는?)

끝내기가 조금 복잡해지면 흑과 백의 경우를 비교해서 서로 늘어난 집을 더하는 방법이 끝내기 계산에 간편하고 효과적입니다. 이를 '가감법'이라 정하겠습니다.

이 그림에서 귀와 변의 끝내기를 가감법으로 계산해 보겠습니다.

2도

2도 (귀의 끝내기 크기)

흑의 경우 1로 두면 백△를 잡고 a까지 3집이 생깁니다. 백은 이곳에 집이 없죠. 백의 경우 1에 두더라도 a가 공배여서 집이 없습니다. 물론 흑집도 없지요. 그리고 서로 후수이죠.

가감법으로 서로 늘어난 집을 더하면 흑 3집＋백 0집＝3집. 따라서 이곳은 흑이든 백이든 후수 3집 끝내기입니다.

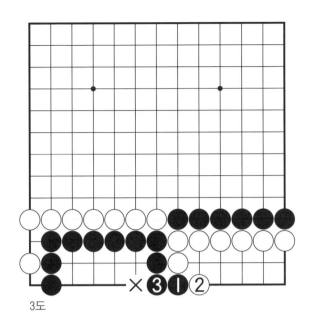

3도

3도 (변의 끝내기 – 흑)

변의 끝내기도 흑과 백의 경우를 머릿속으로 가정해서 계산해야겠지요.

흑1, 3으로 젖혀 이으면 후수이며 4도와 비교해 ×의 1집이 늘어납니다.

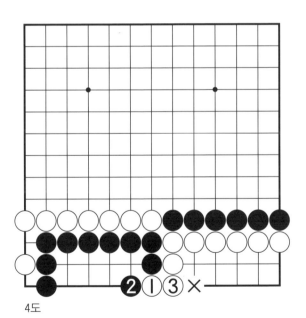

4도

4도 (변의 끝내기 – 백)

백1, 3으로 젖혀 이으면 후수이며 3도와 비교해 ×의 1집이 늘어납니다.

3~4도에서 서로 늘어난 집을 더하면, 흑 1집＋백 1집＝2집. 따라서 3도의 흑이든 4도의 백이든 후수 2집 끝내기입니다.

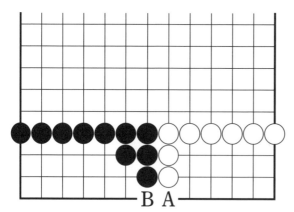

5도

5도 (끝내기 크기는?)

이 그림에서 흑A와 백B의 끝내기 크기는 얼마인지 계산해보세요.

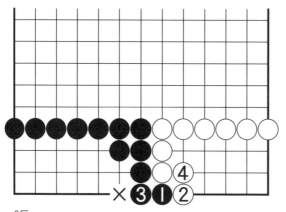

6도

6도 (흑-1집 증가)

흑1, 3으로 젖혀 이으면 백4로 약점을 이어야 하므로 선수입니다.

흑은 7도와 비교해 ×의 1집이 늘어납니다.

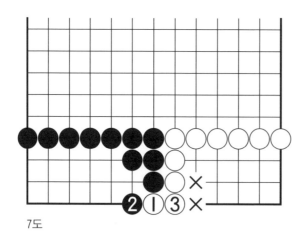

7도

7도 (백-2집 증가)

백1, 3으로 젖혀 이으면 후수이며 6도와 비교해 ×의 2집이 늘어납니다.

6~7도에서 서로 늘어난 집을 더하면, 흑 1집+백 2집=3집. 따라서 6도의 흑은 선수 3집 끝내기, 7도의 백은 역끝내기 3집입니다.

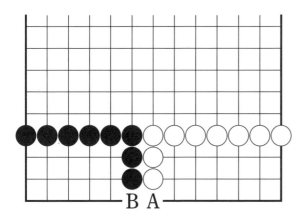

8도

8도 (끝내기 크기는?)

이 그림에서 흑A와 백B의 끝내기 크기는 얼마인지 계산해보세요.

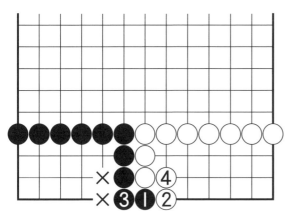

9도

9도 (흑-2집 증가)

흑1, 3이면 백4로 약점을 이어야 하므로 선수이며, 10도와 비교해 ×의 2집이 늘어납니다.

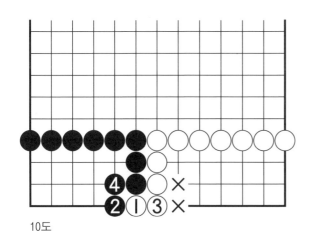

10도

10도 (백-2집 증가)

백1, 3이면 흑4로 이어야 하므로 선수이며, 9도와 비교해 ×의 2집이 늘어납니다.

9~10도에서 서로 늘어난 집을 더하면, 흑 2집＋백 2집＝4집. 따라서 9도의 흑이든 10도의 백이든 양선수 4집 끝내기입니다.

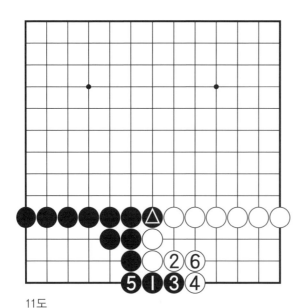

11도

11도 (끝내기 크기는?)

백의 외벽에 흑▲가 들어가있는 모양이라면 흑1에 백2로 물러서야 하며 6까지 끝내기가 일단락됩니다. 6도에 비해 백은 2집이 줄어든 모습이죠.

따라서 지금처럼 흑이 두면 선수 5집 끝내기, 백이 두면 역끝내기 5집이 되겠지요.

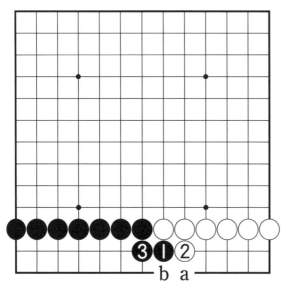

12도

12도 (끝내기 크기는?)

2선에서 흑1, 3의 젖혀이음은 후수인데, 이곳의 끝내기 크기는 얼마인지 계산해보세요.

다음에 흑a와 백b의 1선 끝내기는 서로 후수이므로 공평하게 경계선을 완성하고 계산하면 편합니다.

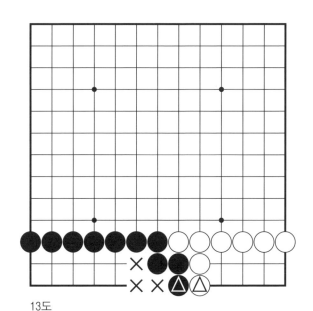

13도

13도 (흑-3집 증가)

1선은 서로 공평하게 흑⊿와 백△로 경계를 머릿속에 세우면 계산하기 좋습니다. 이런 방식을 보통 '평균계산'이라 하지요.

그러고 나서 14도와 비교하면 흑은 ×의 3집이 늘어납니다.

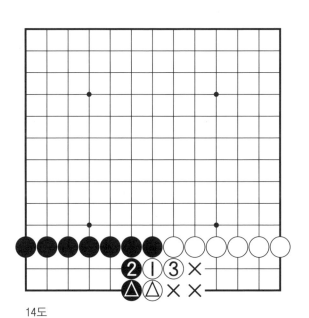

14도

14도 (백-3집 증가)

백이 둬도 1, 3으로 젖혀 있는 것이 후수입니다. 역시 흑⊿와 백△로 평균계산하고 13도와 비교하면 백도 ×의 3집이 늘어납니다. 13~14도에서 서로 늘어난 집을 더하면, 흑 3집＋백 3집＝6집.

따라서 13도의 흑이든 14도의 백이든 후수 6집 끝내기입니다.

③ 실전에서 계산해보기

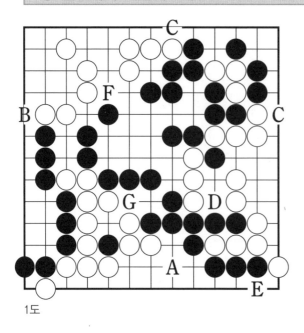

1도

1도 (끝내기 자리)

이제 13줄 실전에서 끝내기의 크기를 계산해볼까요. 알파벳 표시는 흑쪽에서 끝내기 자리를 나타냅니다.

A는 양선수 끝내기, B는 1선에서 선수 끝내기, C는 1선에서 후수 끝내기, D는 우변에서 선수 끝내기, E는 거의 선수 끝내기, F는 선수 또는 후수 끝내기, G는 중앙에서 후수 끝내기입니다.

2도 (필연)

하변에서 흑1이면 백2로 막는 것이 필연입니다. 또 크기를 따질 때는 흑a와 백b로 공평하게 경계를 긋고 계산하면 편하다고 했지요.

그건 그렇고 만일 백이 여기를 받지 않으면~

2도

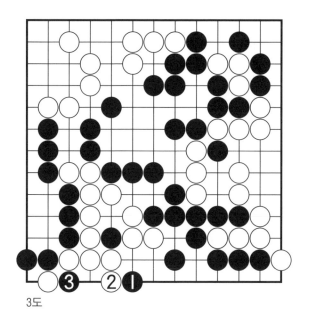

3도

3도 (백의 죽음)

흑1로 백집을 공격합니다. 백2로 막으면 흑3에 먹여쳐서 여기가 옥집이니 백 대마가 살기 어렵습니다.

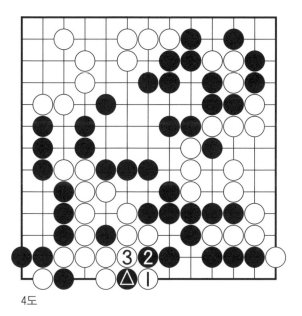

4도

4도 (옥집 1)

백1, 3으로 흑△를 따내더라도 여기가 또 옥집이죠.

그러면 백은 위쪽에 3집을 갖는 한 눈뿐이라 '1권 사활편'에서 배웠듯이 전체가 죽는 모습입니다.

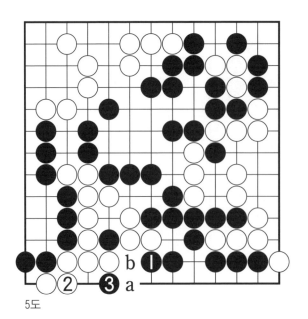

5도

5도 (옥집 2)

흑1로 가만히 들어가도 백이 무사하지 못합니다. 백2로 옥집을 이어 버텨도 흑3의 붙임이 눈을 없애는 사활의 급소입니다.

다음 백a의 단수는 흑b로 끊어 이곳이 결국 옥집이 됩니다. 백의 죽음을 확인할 뿐이지요.

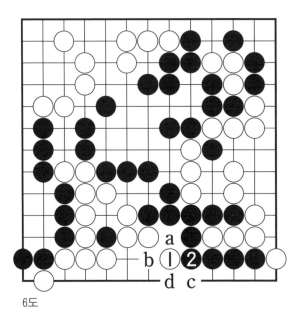

6도

6도 (양선수 3집)

처음으로 돌아가서, 백의 경우 1로 들여다보면 흑2로 이어야 합니다. 흑a에 백b는 흑의 선수 권리로 보아야겠지요. 그리고 역시 공평하게 흑c와 백d로 경계를 긋습니다.

2도와 6도에서 서로 늘어난 집을 더하면, 흑 2집＋백 1집＝3집. 따라서 이곳은 서로 양선수 3집 끝내기입니다.

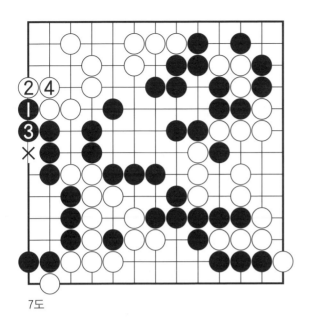

7도

7도 (흑-1집 증가)

좌변의 1선에서 흑1, 3으로 젖혀 이으면 백4로 약점을 이어야 합니다.

　그러면 선수이며 8도와 비교해 흑은 ×의 1집이 늘어납니다.

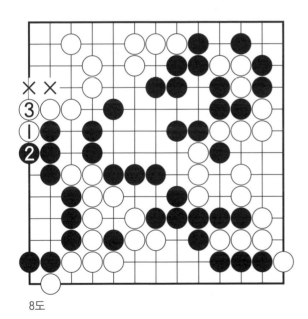

8도

8도 (백-2집 증가)

백이 둬도 1, 3의 젖혀이음이지만 후수입니다. 7도와 비교하면 백은 ×의 2집이 늘어납니다.

　7~8도에서 서로 늘어난 집을 더하면, 흑 1집＋백 2집＝3집. 따라서 7도의 흑은 선수 3집 끝내기, 8도의 백은 역끝내기 3집입니다.

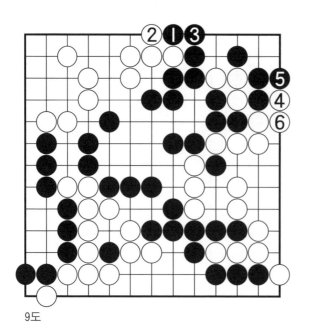

9도

9도 (후수 2집 끝내기)

상변의 1선에서 흑1, 3의 젖혀이음은 후수 2집 끝내기입니다.

우변에서 백4, 6도 같은 수순이므로 후수 2집 끝내기이죠.

이 정도는 아주 쉬운 끝내기이므로 이제 눈으로 계산해도 되겠지요.

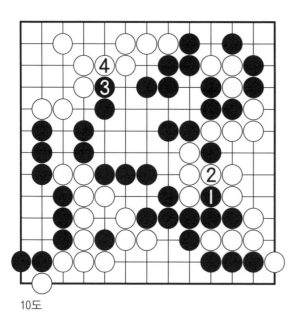

10도

10도 (선수 1집 끝내기)

우변에서 흑1로 들어가면 백2로 반드시 받아야 합니다. 그러면 선수 1집 끝내기입니다.

상변에서 흑3에 백4로 받으면 역시 선수 1집 끝내기가 되겠지요.

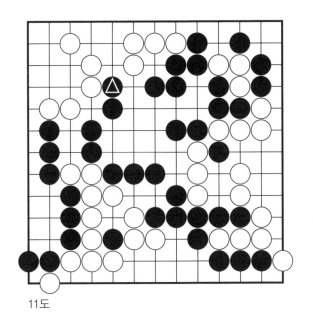

11도

11도 (받지 않으면 후수)

그런데 흑▲에 들어갈 때 백이 받지 않을 수도 있습니다. 그러면 흑▲는 후수가 되겠지요.

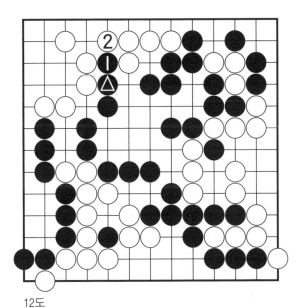

12도

12도 (후수 2집 끝내기)

이다음 흑1로 들어가면 백 2로 반드시 받아야 합니다. 받지 않으면 상변이 뚫리기 때문이죠.

이 결과로 따져보면 흑▲는 후수 2집 끝내기입니다. 이처럼 상황에 따라 10도의 선수 1집이 12도의 후수 2집으로 뒤바뀔 수 있습니다.

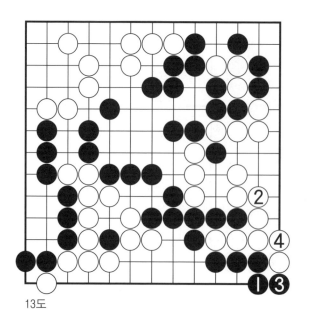

13도

13도 (우하귀 – 흑의 경우)

우하귀는 흑1로 내려서면
백2로 약점을 이어야 합니
다. 다음 흑3에 백4로 잇
는 것으로 경계가 완성됩
니다.

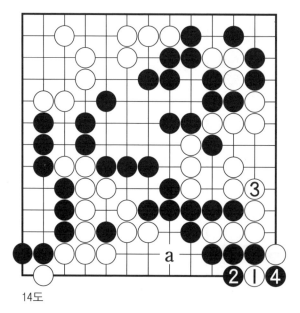

14도

14도 (우하귀 – 백의 경우)

이곳을 백1로 먼저 두면
어떻게 될까요.

이때 a의 곳은 누가 두
든 선수이므로 끝내기가
결정되었다 보고 흑2로 막
을 수 있습니다.

그러면 백3으로 약점을
잇고 흑4로 한점을 따냅니
다. 여기는 패가 약간 미
묘하지만~

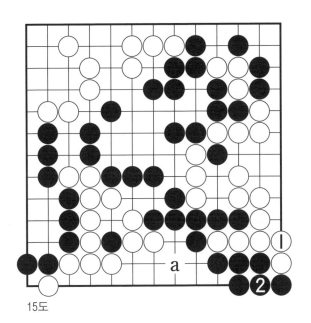

15도

15도 (크기가 거의 없다)

서로 백1과 흑2로 잇는 것
으로 봅니다. 부연하지만
a의 끝내기는 결정된 것으
로 보고 우하귀 가장자리
만 생각하면 됩니다. 그러
면 13도와 비교해 흑이 판
에서는 1집 줄었지만 한점
따냈으므로 서로 집의 변
동이 없습니다.

따라서 이곳은 크기가
거의 없는 끝내기라고 생
각해도 되죠.

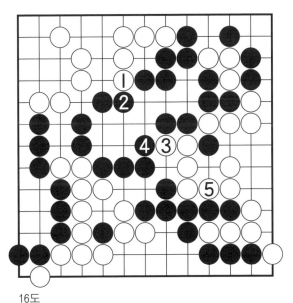

16도

16도 (중앙에서 끝내기)

중앙의 경우 백1에는 흑2,
백3에는 흑4로 받아야 합
니다. 그러면 백1과 백3은
각각 선수 1집 끝내기입니
다. 백5는 흑이 선수할 곳
을 막았으므로 역끝내기 1
집이지요.

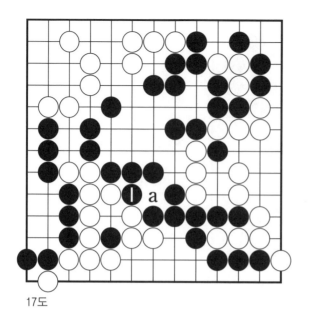

17도

17도 (중앙의 1집)

중앙에서 흑1로 두면 a의 1집이 생깁니다. 만일 백이 여기를 두면~

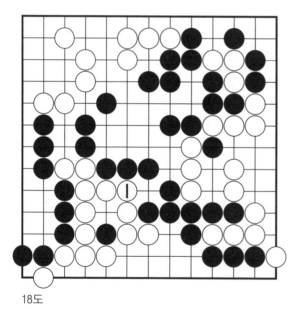

18도

18도 (후수 1집 끝내기)

백1로 흑집을 없앨 수 있습니다. 따라서 이곳은 누가 두든 후수 1집 끝내기입니다.

끝내기 요령은 두 가지가 중요한데, 우선 선수와 후수를 구별해야 하고, 다음에 크기가 얼마인지도 따져야 합니다. 대체로 확실한 선수 끝내기를 우선으로 하고, 그다음 크기 순서로 하면 크게 어긋나지 않습니다. 이번 테마에서는 아주 쉽게 끝내기를 진행하는 순서에 대해 알아봅니다.

① 선수 끝내기가 우선

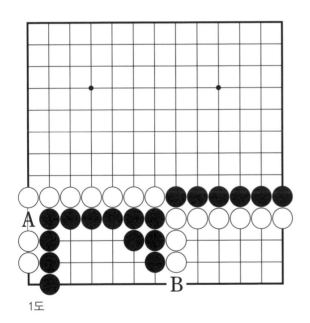

1도

1도 (끝내기는 어디부터?)
이 장면에서 흑은 A와 B의 끝내기가 남았습니다. 흑은 어디부터 끝내기를 해야 할까요?

참고로 앞에서 배운 것을 적용하면 흑A는 후수 5집, 흑B는 선수 3집 끝내기입니다.

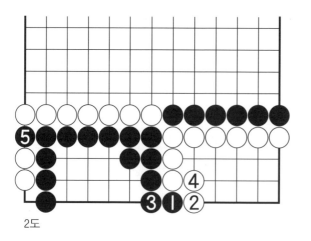

2도 (선수 끝내기가 우선)

흑1, 3의 젖혀이음이 우선입니다. 백4로 약점을 이어야 할 때 흑5로 백 두점을 잡는 것이 올바른 순서입니다.

선수 3집→후수 5집 순이었습니다. 그러고 보면 끝내기 크기보다 선수가 우선이지요.

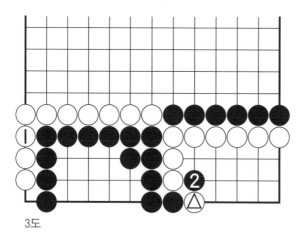

3도 (백의 손실이 크다)

흑이 1선에 젖혀 이을 때 백1로 두점을 이으면 어떻게 될까요. 그러면 백이 후수 5집 끝내기를 하지만, 흑2로 끊어 단수치면 △가 잡히며 백집이 파손되어 백의 이득보다 손실이 더욱 커집니다.

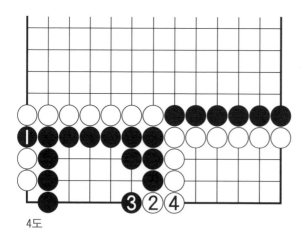

4도 (흑의 3집 손해)

흑1로 후수 5집 끝내기를 먼저 하면 어떻게 될까요.

그러면 백2, 4로 변의 끝내기는 백의 차지가 됩니다. 2도와 비교하면 하변의 끝내기만큼 흑의 3집 손해이지요.

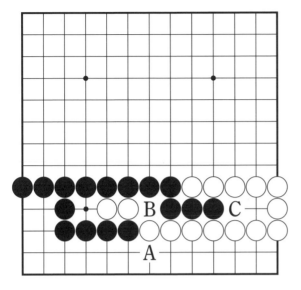

1도

1도 (끝내기 순서는?)

이 장면에서 흑은 A, B, C의 끝내기가 남았습니다. 어떤 순서로 끝내기를 해야 할까요?

참고로 앞에서 배운 계산법을 적용하면 흑A는 후수 6집, 흑B는 후수 5집, 흑C는 후수 1집 끝내기입니다.

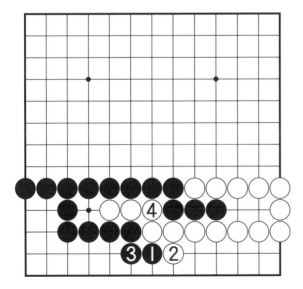

2도

2도 (후수 6집부터)

흑은 2선에서 1, 3의 젖혀 이음이 우선입니다. 이곳은 후수 6집 끝내기이죠.

다음 백은 4로 잇습니다. 이곳은 후수 5집 끝내기이죠.

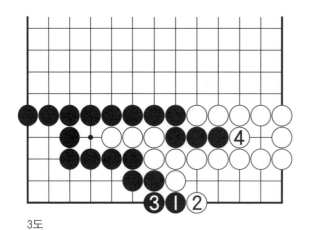

3도

3도 (최후에 1집 끝내기)

이다음 흑은 1선에서 1, 3의 젖혀이음이 우선입니다. 이곳은 후수 2집 끝내기이죠. 이제 백은 마지막으로 4에 막습니다. 이곳은 후수 1집 끝내기이죠.

그러고 보면 후수 6집→후수 5집→후수 2집→후수 1집 순이었습니다.

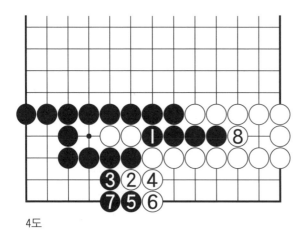

4도

4도 (흑의 1집 손해)

흑1부터 출발하면 어떻게 될까요. 흑은 백 두점을 잡지만 백은 2, 4로 후수 6집을 둡니다. 흑5, 7의 1선 젖혀이음이 그다음이고 백8로 끝내기가 완결되죠.

그러면 후수 5집→후수 6집→후수 2집→후수 1집 순인데, 3도와 비교하면 흑의 1집 손해입니다.

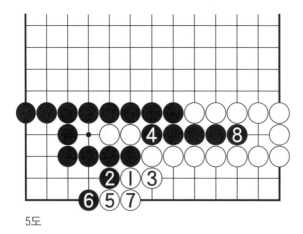

5도

5도 (백의 경우)

백부터 두더라도 후수 6집인 1, 3의 젖혀이음이 우선입니다. 흑4로 후수 5집을 두면 백5, 7로 후수 2집을 둡니다. 마지막 흑8은 후수 1집 끝내기이죠.

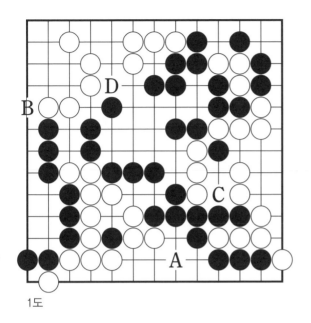

1도

1도 (실전 끝내기 순서는?)

13줄 실전에서 끝내기 순
서를 적용해봅니다. 흑은
어떻게 끝내기하면 좋을까
요?

선수 자리인 A, B, C,
D에서 실마리를 찾아야
합니다.

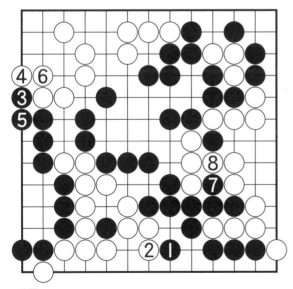

2도

2도 (확실한 선수부터)

흑1은 양선수 3집입니다.
끝내기에서는 양선수가 최
우선이죠.

이다음 흑3, 5와 흑7은
어디를 먼저 두더라도 상
관없습니다. 모두 확실한
선수이기 때문이죠. 현재
백8까지 진행되었습니다.

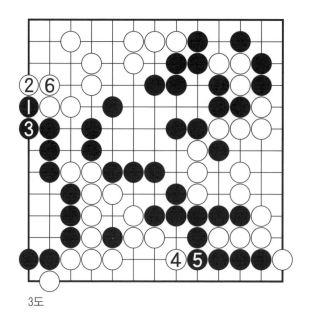

3도

3도 (흑의 3집 손해)

선수라고 생각해서 흑1, 3 부터 출발하면 어떻게 될까요.

그러면 백이 4의 양선수를 먼저 해치우고 6에 잇습니다. 흑이 순식간에 3집 손해를 봅니다.

그렇다고 흑5로 6부터 끊으면 백이 5로 끊어 흑의 이득보다 손실이 더욱 커집니다.

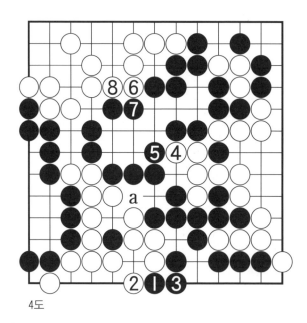

4도

4도 (올바른 끝내기 순서)

2도에 이어서 흑은 이제 후수가 남았습니다.

1선에서 흑1, 3의 젖혀 이음은 후수 3집입니다.

다음 백4, 6은 각각 확실한 선수 1집 끝내기이죠. 백8은 역끝내기 1집으로 a(후수 1집)보다 우선하는 것이 끝내기 요령입니다.

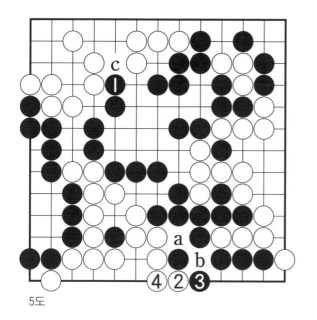

5도

5도 (흑의 1집 손해)

4도는 올바른 끝내기 순서
입니다. 만일 흑1부터 두
면 백이 먼저 2, 4로 젖혀
잇습니다. 다음 백a에 흑b
는 백의 권리로 보고 이곳
은 후수 3집이지요.

흑1은 다음 c가 선수이
므로 후수 2집입니다. 따
라서 흑1부터 끝내기하면
4도와 비교해 흑의 1집 손
해입니다.

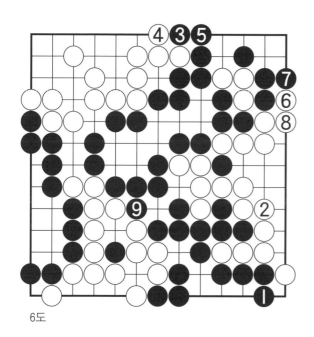

6도

6도 (끝내기 완결)

4도 다음에 흑1이면 백2
로 이어야 합니다. 흑3, 5
와 백6, 8은 후수 2집이며
서로 나눠갖는 맞보기 권
리라서 나중에 두어도 됩
니다. 마지막으로 흑9는
후수 1집이며 끝내기가 완
결됩니다.

지금까지 2도, 4도, 6도
의 끝내기를 보면 양선수
→선수→후수로 진행되며,
후수도 크기순임을 알 수
있습니다.

끝내기가 완료되면 여기저기 공배만이 남습니다. 공배는 집이 되지 않는 곳이지만 서로 한 수씩 메우는 것이 원칙입니다. 집의 형태에 따라 우선 가일수해야 할 곳도 생깁니다. 마지막으로 사석을 처리하고 계가에 들어가면 승부가 결정됩니다. 이번 테마에서는 이런 바둑의 마무리 과정에 대해 알아봅니다.

① 집안의 약점 가일수하기

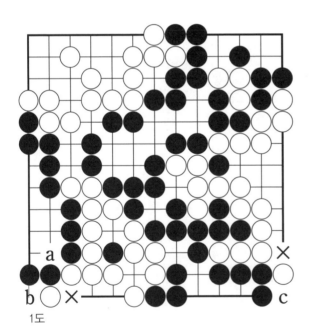

1도

1도 (공배와 약점)

13줄 실전에서 끝내기가 완료된 장면입니다.

여기서 ×의 두 곳은 옥집이며, a는 약점입니다. 당장은 아니지만 b와 c의 공배를 순리대로 메우면 이들 세 곳은 결국 이어야 합니다.

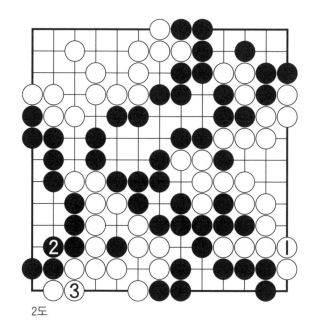

2도

2도 (가일수)

끝내기가 완료된 시점에서
백이 둘 차례입니다.

어차피 이을 약점이라
면 백1, 흑2, 백3 순서대
로 우선 가일수하면 편하
지요.

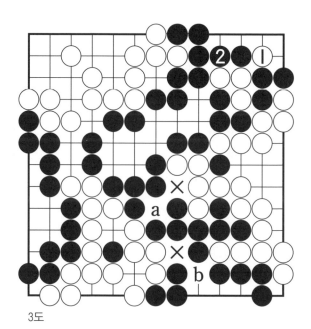

3도

3도 (약점과 옥집이 아니다)

백1의 곳은 약점이 아닙니
다. 이렇게 백이 단수치면
흑2로 백 석점을 따내 해
결할 수 있기 때문이죠.

그리고 중앙의 a는 옥
집이 아닙니다. 백이 ×
(두 곳)의 공배를 메워도
a는 착수금지에 해당합니
다. b가 비어있기 때문이
지요.

② 번갈아 공배 메우기

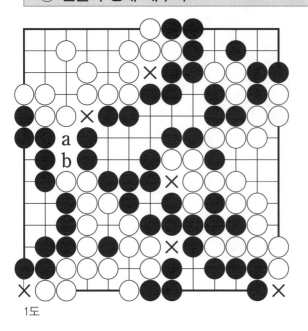

1도

1도 (공배 자리)

서로 약점을 가일수하고
나니 이제 공배만 남았습
니다. a와 b를 포함해서
× 자리가 모두 공배에 해
당합니다.

공배는 어디든 상관없이
서로 한 수씩 번갈아 메우
면 되지요. 단 쌍립의 경우
는 백이 a나 b에 두면 흑
이 이어놓는 것이 확실합
니다.

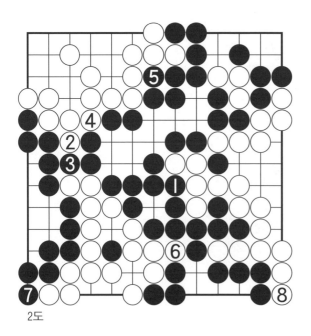

2도

2도 (공배 메우는 과정)

지금 흑이 둘 차례입니다.
흑1로 공배를 메워가기 시
작합니다. 백2에는 흑3으
로 잇는 것이 확실하지요.
다음 백4부터 8까지 공배
를 모두 메운 모습입니다.

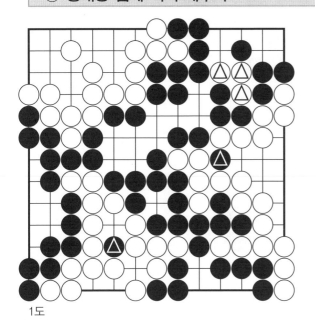

1도

1도 (사석 처리)

지금은 대국이 끝난 모습입니다. 이를 '종국'이라 합니다. 종국이 되면 승부를 가리기 위해 서로의 집을 헤아립니다. 이를 '계가'라고 합니다.

계가를 위해서는 '사석'을 처리해야 합니다. 사석이란 판 위에 잡은 돌과 바둑을 두면서 따낸돌을 말하지요. 지금 흑의 사석은 ● 두점이고, 백의 사석은 ◯ 석점입니다.

이 사석은 들어내서 상대방 집을 메우는 데 사용합니다.

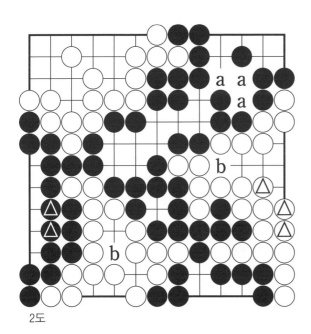

2도

2도 (사석 메우기)

이 그림은 사석을 들어내서 상대방 집에 메운 모습입니다.

흑은 a에 있던 백◯ 석점을 우변 쪽에 메웠습니다. 백은 b에 있던 흑● 두점을 좌변 쪽에 메웠습니다.

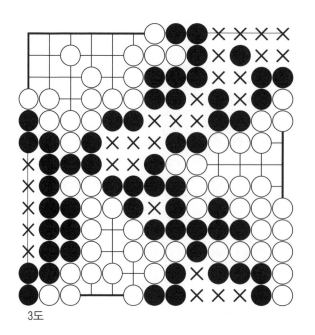

3도

3도 (계가)

이제 마지막으로 계가하면 승부의 결과를 알 수 있습니다.

흑집은 ×의 개수이죠. 꼼꼼히 헤아리면 29집입니다.

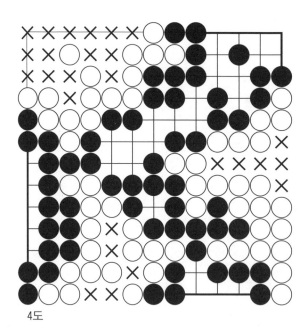

4도

4도 (흑의 3집 승리)

이번에는 백집 차례입니다. 역시 ×의 개수를 헤아리면 되겠지요. 그러면 26집입니다.

흑은 29집, 백은 26집입니다. 흑의 3집 승리입니다. 상대적으로 백의 3집 패가 되지요.

1도 (19줄 실전에서)

이번에는 19줄 실전에서 종국된 장면을 보여줍니다. 이제 계가를 위해서 사석인 흑▲들과 백△를 상대방 집에 메워야겠지요.

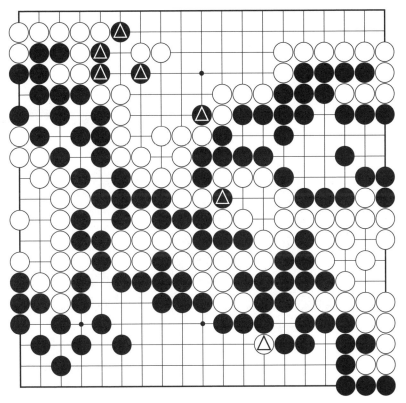

1도

2도 (구구단 활용하며 계가)

19줄이라면 공간이 넓으므로 편하게 계가하기 위해 구구단을 활용하며 집의 모양을 정돈하는 것이 보통입니다. 공배를 메운 돌도 이처럼 같은 색으로 맞추기도 합니다.

이제 시계방향으로 각각의 집을 확인해볼까요. 우상의 귀와 변은 백 30집(10×3), 우변은 흑 13집, 우하의 변은 흑 20집(5×4), 좌하의 귀와 변은 흑 30집, 좌변은 백 11집(2×5+1), 좌상의 귀와 변은 백 20집 (7×3-1)입니다.

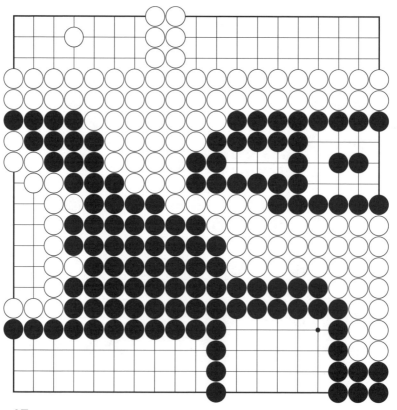

2도

테마❶　바둑 두는 과정은 크게 초반, 중반, 종반으로 나눌 수 있다. 끝내기란 바둑의 종반 국면에서 서로의 영토 경계선을 확정하는 행위를 말한다. 끝내기는 집의 경계를 완성해가는 과정이다. 끝내기는 중앙에서의 싸움이 종결되면 3선을 기반으로 1선을 향해 진행되는 경우가 많다.

테마❷　끝내기는 크게 후수 끝내기와 선수 끝내기로 구분한다. 후수 끝내기는 두고 나면 후수가 되어 다음 끝내기 권리가 상대에게 넘어가는 경우이다. 선수 끝내기는 두고 나도 다음 끝내기 권리가 그대로 유지되는 경우이다. 한쪽만이 선수 끝내기라면, 다른 쪽은 역끝내기라 한다. 양쪽이 모두 선수 끝내기라면 이런 곳은 양선수 끝내기라 한다.

테마❸　어떤 끝내기가 어느 정도의 가치를 지녔는지 알아야 끝내기를 하면서 손해를 보지 않는다. 가장 알기 쉬운 계산법은 일단 눈으로 이해하며 계산하는 것이고, 조금 복잡해지면 가감법을 사용한다. 가감법은 우선 흑과 백의 끝내기를 가정한다. 다음 흑의 경우 늘어난 집을 계산하고, 백의 경우 늘어난 집을 계산한다. 마지막으로 이 둘을 더한다. 실전에서는 모두 머릿속으로 계산해야 하는데 연습하면 생각의 힘도 커져 기본 끝내기는 쉽게 계산된다.

테마❹　끝내기 요령은 두 가지가 중요한데, 우선 선수와 후수를 구별해야 하고, 다음에 크기가 얼마인지도 따져야 한다. 대체로 확실한 선수 끝내기를 우선으로 하고, 그다음 크기 순서로 하면 크게 어긋나지 않는다. 무엇보다 끝내기에서는 양선수가 최우선이다. 같은 크기의 후수 끝내기가 맞보기라면 크기에 관계없이 나중에 해도 된다.

테마❺　끝내기가 완료되면 여기저기 공배만이 남는다. 공배는 집이 되지 않는 곳이지만 서로 한 수씩 메우는 것이 원칙이다. 집의 형태에 따라 옥집과 약점도 있다. 이런 곳은 우선 가일수해야 편하다. 쌍립 모양이 있으면 이어놓는 것이 확실하다. 대국이 끝난 경우를 종국이라 한다. 종국이 되면 승부를 가리기 위해 서로의 집을 헤아리는데, 이를 계가라고 한다. 계가를 위해서는 사석을 처리해야 한다. 사석이란 판 위에 잡은 돌과 바둑을 두면서 따낸돌을 말한다. 사석은 상대방 집을 메우는 데 사용한다. 마지막으로 계가에 들어가면 승부가 결정된다. 이때 계가를 위해 구구단을 활용하며 집의 모양을 정돈하면 계산하기 쉽다.

모양으로 이해하는 핵심 용어

① 2선 끝내기: 흑과 백

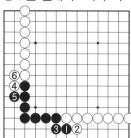

② 1선 끝내기: 흑과 백

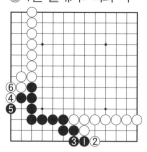

③ 후수 1집 끝내기: 흑

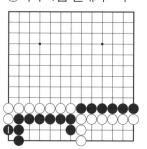

④ 선수 1집 끝내기: 백

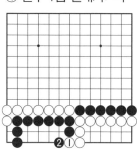

⑤ 후수 2집 끝내기: 흑과 백

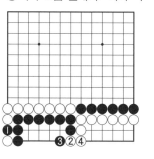

⑥ 후수 3집 끝내기: 흑

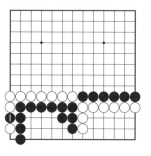

⑦ 선수 3집 끝내기: 흑

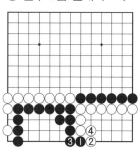

⑧ 역끝내기 3집: 백

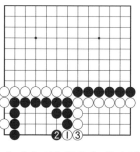

⑨ 양선수 4집 끝내기: 흑

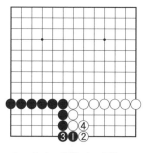

⑩ 양선수 4집 끝내기: 백

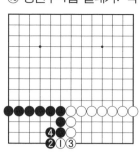

⑪ 후수 6집 끝내기: 흑과 백

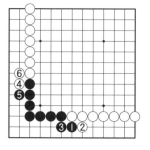

⑫ 사석: 흑▲와 백△

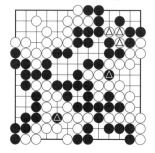

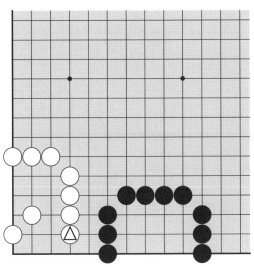

문제 1

▦ 문제 1

백△쪽 집의 경계가 완성되지 않았습니다.

흑과 백의 경우, 서로 경계를 완성시켜 보세요. 그리고 선수인지 후수인지, 끝내기의 종류도 생각해보세요.

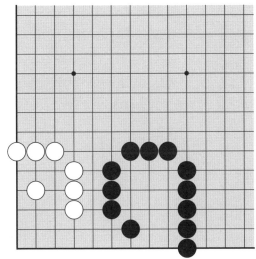

문제 2

▦ 문제 2

아래 귀와 변의 경계가 분명하지 않습니다.

서로 최선의 끝내기를 해보세요(백의 경우는 1수만 표시). 그리고 선수인지 후수인지, 끝내기의 종류도 생각해보세요.

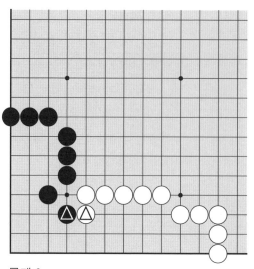

문제 3

▦ 문제 3

흑▲와 백△로 3선에서 대치하고 있습니다. 여기는 흑과 백의 경우, 서로 어떤 식으로 끝내기하는 것이 효율적인지 생각해보세요.

같은 모양에서 선수와 후수가 공존한다면 선수 끝내기가 우선이겠지요.

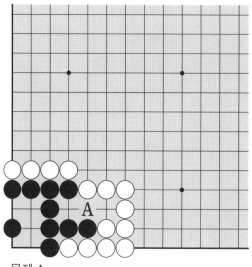

문제 4

▦ 문제 4

이 모양에서 A 자리는 몇 집 끝내기인지 크기를 계산해보세요. 흑과 백의 늘어난 집을 각각 계산해야 크기가 나오겠지요.

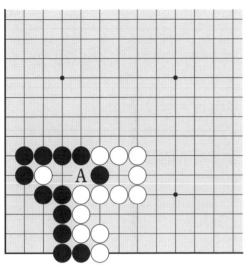

문제 5

▦ 문제 5

이 모양에서 A 자리는 몇 집 끝내기인지 크기를 계산해보세요. 흑과 백의 늘어난 집을 각각 계산해야 크기가 나오겠지요.

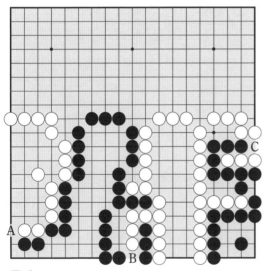

문제 6

▦ 문제 6

지금 흑 차례인데, 끝내기 자리가 A～C로 세 군데 남았습니다.

　순서대로 올바르게 끝내기해 보세요.

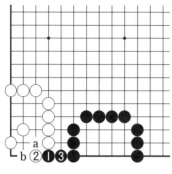

문제 1 (정답-흑의 경우)

흑의 경우는 1로 붙이고 백2로 단수치면 흑3에 잇습니다. 그러면 경계가 완성됩니다. 더 이상 백은 가일수가 필요 없지요. 흑a는 백b로 나가 그만입니다. 그리고 보면 흑의 후수 끝내기입니다.

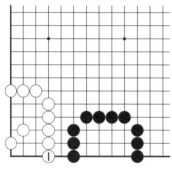

문제 1 (정답-백의 경우)

백의 경우는 1로 내려서기만 해도 경계가 완성됩니다. 역시 백도 후수 끝내기이죠.

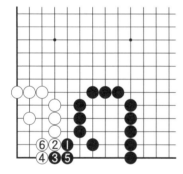

문제 2 (정답-흑의 경우)

흑의 경우는 1로 두고 3, 5로 젖혀 있습니다. 그러면 6까지 흑의 선수 끝내기가 되겠지요.

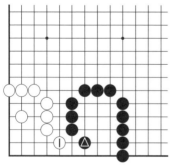

문제 2 (정답-백의 경우)

백의 경우는 1의 마늘모 행마가 끝내기 자리입니다. 흑은 ▲가 집을 방어하고 있어 당장 끝내기가 급하지 않습니다. 그리고 보면 백의 후수 끝내기인데, 흑의 선수인 곳이므로 역끝내기에 해당하지요.

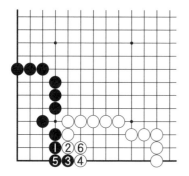

▦ 문제 3 (정답 - 흑의 경우)

흑의 경우는 1로 내려서고 3, 5로 젖혀잇는 것이 효율적인 끝내기입니다.

그러면 흑의 선수로 마감이 되죠. 백의 경우와 비교해서 양선수 끝내기입니다.

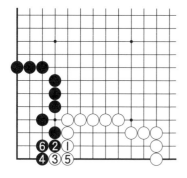

▦ 문제 3 (정답 - 백의 경우)

백의 경우도 1로 내려선 후 3, 5로 젖혀잇는 것은 같은 이치입니다.

역시 백의 선수로 마감이 되죠. 흑이 양선수이므로 백도 양선수 끝내기입니다.

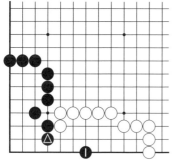

▦ 문제 3 (참고 1)

흑▲에 백이 받지 않으면 흑1의 눈목자 행마가 위력적입니다.

그러면 백집이 크게 파손되어 곤란하지요. 흑1은 끝내기에서 꼭 기억해둘 행마입니다.

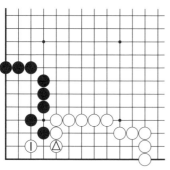

▦ 문제 3 (참고 2)

백△에도 흑이 받지 않으면 백1로 귀에 뛰어듭니다.

그러면 역시 흑집이 많이 파손되어 곤란하지요.

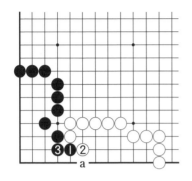

문제 3 (오답 1)

흑이 처음부터 1, 3으로 젖혀 이으면 후수
가 됩니다. 백이 당장 받는다는 보장이 없
지요. 이제 a쪽은 작은 끝내기에 불과하니
까요.

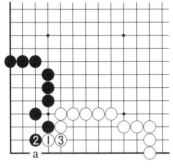

문제 3 (오답 2)

백도 1, 3으로 젖혀 이으면 후수가 됩니
다. 흑이 당장 받는다는 보장이 없지요.
역시 a쪽은 작은 끝내기에 불과하니까요.

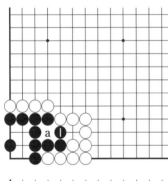

문제 4 (계산 - 흑의 경우)

흑1로 두면 후수이고 a의 곳에 1집이 생
깁니다. 그리고 백집은 없습니다.

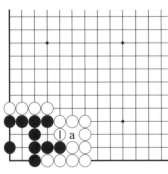

문제 4 (계산 - 백의 경우)

백1로 두면 후수이고 a의 곳에 1집이 생
깁니다. 그리고 흑집은 없습니다.

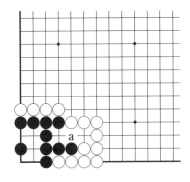

▦ 문제 4 (정답)

서로 늘어난 집을 더하면 흑 1집＋백 1집
＝2집이죠.

따라서 흑과 백, 누가 a 자리를 두든 끝
내기 크기는 후수 2집입니다.

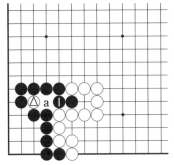

▦ 문제 5 (계산－흑의 경우)

흑1로 두면 후수이며 백△를 잡고 a의 1
집을 더해 3집이 생깁니다. 그리고 백집은
0집입니다.

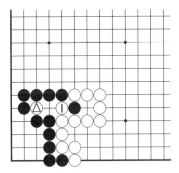

▦ 문제 5 (계산－백의 경우)

백1로 두면 후수이고 같은 이치로 오른쪽
에 3집이 생깁니다.

그리고 흑은 유심히 살펴보면 백△를
잡으면 2집이 생기므로 현재 1집 권리가
있다고 보아야겠지요.

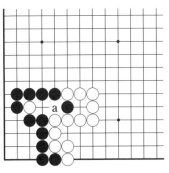

▦ 문제 5 (정답)

서로 늘어난 집을 더하면 흑 2집(3-1)＋
백 3집＝5집이죠.

따라서 흑과 백, 누가 a 자리를 두든 끝
내기 크기는 후수 5집입니다.

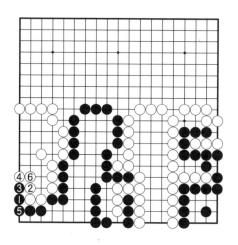

▦ 문제 6 (정답-1)

우선 흑1로 젖히는 것이 여기서 가장 큰 끝내기입니다.

그러면 백2로 물러서야 하고 6까지 일단락됩니다. 흑의 선수 끝내기가 되죠.

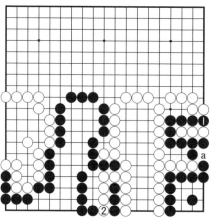

▦ 문제 6 (정답-2)

다음은 흑1로 백 석점을 잡는 것이죠. 여기는 a까지 포함해서 후수 7집입니다. 반대로 백이 1을 두면 a가 옥집이 되니까요.

마지막으로 백2는 후수 6집으로 가장 작습니다.

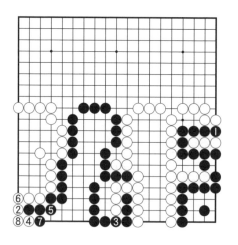

▦ 문제 6 (오답)

흑1로 후수 7집부터 두면 백은 2로 젖힙니다. 여기는 역끝내기 8집에 가깝습니다. 다음 흑3은 후수 6집이죠. 그러면 백4로 젖힌 후 8까지 마감이 되지요.

정확히 따져보면 정답과 비교해 흑의 2집 손해입니다.